hänssler

Gerdi Stoll/Sabine Kley

Maria und Marta

Die zwei Seiten jeder Frau

Hänssler-Hardcover
Bestell-Nr. 394.665
ISBN 978-3-7751-4665-4

© Copyright 2007 by Hänssler Verlag, D-71087 Holzgerlingen
Internet: www.haenssler.de
E-Mail: info@haenssler.de
Umschlaggestaltung: oha werbeagentur, Oliver Häberlin,
www.oha-werbeagentur.ch
Titelbild: Indesy.com / Yvonne Bogdanski
Satz: F3media, Weil im Schönbuch
Druck und Bindung: Ebner & Spiegel, Ulm
Printed in Germany

Inhalt

Vorwort

Stellen Sie sich vor, Sie schlagen die Bibel auf, Ihr Blick fällt auf eine wohl vertraute Geschichte und Sie fangen an
zu staunen und
zu staunen und
zu staunen ...

Heute werden wir Maria und Marta begegnen. Zwei Schwestern ganz unterschiedlicher Art. Ohne Maske, echt und natürlich treffen wir sie in ihrem Alltag an. Nicht heute, nicht gestern, es ist schon fast 2000 Jahre her. Und doch sind sie uns so ähnlich.

Mal Marta, mal Maria – mal beide?

Eigentlich hätten sie in aller Ruhe ihren Aufgaben nachgehen können, ohne sich viele Gedanken über sich selbst zu machen. Doch dann kam er und stand plötzlich vor ihrer Tür ...

Eine Geschichte
aus der Bibel

Maria und Marta

Als sie aber weiterzogen, kam er in ein Dorf. Da war eine Frau mit Namen Marta, die nahm ihn auf.

Und sie hatte eine Schwester, die hieß Maria; die setzte sich dem Herrn zu Füßen und hörte seiner Rede zu.

Marta aber machte sich viel zu schaffen, ihm zu dienen. Und sie trat hinzu und sprach: Herr, fragst du nicht danach, dass mich meine Schwester lässt allein dienen?

Sage ihr doch, dass sie mir helfen soll!

Der Herr aber antwortete und sprach zu ihr: Marta, Marta, du hast viel Sorge und Mühe.

Eins aber ist Not. Maria hat das gute Teil erwählt; das soll nicht von ihr genommen werden.

Lukas 10,38-42

1.
Reise in die Vergangenheit

Hallo, ich heiße Maria!

Ich möchte euch auf eine Zeitreise mitnehmen. Wir gehen 2000 Jahre zurück. Da habe ich in einem kleinen Dorf in Israel gelebt. Es heißt Betanien und liegt in einem dürren Gebiet auf der Höhe des Gebirges Juda, direkt auf dem Weg von Jericho nach Jerusalem. Von unserem Haus aus brauche ich nur eine halbe Stunde zu gehen – es sind circa 3 Kilometer –, dann stehe ich schon vor den Toren Jerusalems. Es ist faszinierend, auf dem Ölberg zu stehen und einen Blick auf die Stadtmauern von Jerusalem zu werfen. Was herrscht dort für ein buntes Treiben!

Ich wohne gerne in Betanien. Unser Dorf ist überschaubar. Da kennt wirklich jeder jeden. Wenn wir uns auf der Straße begegnen, grüßen wir uns mit dem Gruß des Friedens. Wir sagen zueinander: „Schalom".

Manchmal ist auch bei uns viel los. Wenn nämlich in Jerusalem Opferfeste gefeiert werden, dann suchen Fremde, die daran teilnehmen, auch bei uns Übernachtungsmöglichkeiten.

Ich bin nicht verheiratet, aber ich lebe auch nicht alleine. Ich wohne mit meiner Schwester Marta und meinem Bruder Lazarus unter einem Dach. Wir mögen uns und wir verstehen uns gut.

Um ehrlich zu sein, gibt es jedoch einen Tag, an dem es zwischen meiner Schwester und mir nicht gestimmt hat. Marta war ärgerlich und so richtig sauer auf mich. Sie konnte mein Verhalten einfach nicht verstehen.

Warum? Ich will es euch erzählen:

Jesus, der bekannte Wanderprediger, war mit seinen Jüngern mal wieder in unserer Gegend unterwegs. Sein Wesen hatte unbeschreibliche Anziehungskraft. Er fesselte die Menschen mit seinen Worten. Wenn er von Gott erzählte, waren alle still und jeder hörte zu. Es sprach sich auch herum, dass Kranke zu ihm gebracht wurden, und er sie heilte.

Dieser Jesus ist unser Freund. Wenn er sich in der Nähe von Jerusalem aufhält, dann schaut er meistens auch bei uns vorbei. Er kommt gerne zu uns. Wir versuchen, ihm Gutes zu tun, damit er neu gestärkt weiterziehen kann.

So war es auch an diesem außergewöhnlichen Tag. Kein Bote kündigte seinen Besuch an. Jesus stand mit seinen zwölf Jüngern einfach vor der Tür.

Da war vielleicht was los! Meine Schwester bringt ein solcher Überraschungsbesuch gar nicht aus der Ruhe. Da kommt ihr Kreislauf in Schwung und sie fängt an, in der Küche die köstlichsten Speisen vorzubereiten. Die dreizehn haben schließlich ja alle Hunger.

Bevor sie sich wie üblich zu Tisch begaben – bei uns sind die Tische sehr niedrig, man kann sich auf den Boden setzen oder legen und sich sogar mit dem Ellenbogen auf der Tischkante aufstützen –, wuschen wir zuerst einmal die staubigen Füße unserer Gäste und reichten ihnen einen Erfrischungstrank. Das ist bei uns so Sitte und ein Ausdruck unserer Gastfreundschaft.

Jesus schien gar nicht müde zu sein. Er erzählte wieder von Gott und sprach in wunderbaren Bildern.

Da saß ich nun als einzige Frau unter dreizehn Männern. Ich saß ganz nah bei Jesus. Ich wollte mich nicht ablenken lassen. Ich war gepackt und begeistert von seinen Worten. Alles um mich herum habe ich in diesem Moment vergessen. Ich hing Jesus an den Lippen und hörte ihm zu. Was er sagte, strotzte voller Leben, so wie Gott es sich eigentlich für uns Menschen vorgestellt hat.

Plötzlich fiel mein Blick auf meine so beschäftigte Schwester. Ich habe überhaupt nicht mehr an sie gedacht. Es tut mir heute noch aufrichtig Leid, dass ich sie in keiner Weise unterstützt habe. Aber ich konnte nicht anders. Meine Ohren waren nur am Hören. Die Zeit, die Jesus bei uns war, war so begrenzt. Diese Augenblicke musste ich voll und ganz ausnutzen.

Ich nahm wahr, wie Marta zu Jesus ging und sich über mich beschwerte. Jesus ging auch auf sie ein.

Ich blieb trotzdem bei Jesus sitzen. Ich konnte nicht anders. Nichts war für mich in diesem Moment wichtiger als er.

Als dann die Gäste weg waren und wieder Ruhe ins Haus eingekehrt ist, haben wir beide uns zusammengesetzt und miteinander gesprochen ...

Hallo, ich bin Marta!

Kennt ihr eigentlich die Bedeutung eures Namens? Es lohnt sich, sie zu wissen. Ich heiße Marta und das bedeutet übersetzt „Herrin". Ich muss euch gestehen, dass ich das zu Hause auch bin.

Bei mir wohnen Maria, meine Schwester, und unser Bruder Lazarus. In unserem Haus wirtschafte ich aus Leibeskräften. Über Besuche freue ich mich, denn ich bin gerne gastfreundlich. Dann ziehe ich alle Register. Das Haus wird vorher auf Hochglanz gebracht. Danach bereite ich ein fürstliches Mahl zu. Die Rezepte habe ich von meiner Mutter und Großmutter übernommen. Es ist für mich wunderbar, Gäste zu versorgen und ihnen Gutes zu tun. Ich bin froh, dass mir das Geld für die Versorgung nicht fehlt.

Neulich war Jesus bei Simon zu Besuch. Stellt euch vor, dieser Simon ist aussätzig, da habe ich ihm natürlich bei dem Besuch von Jesus geholfen. Dieser Jesus ist für mich eine ganz wichtige Person. Sehr froh bin ich, dass er mich lieb hat.

Ihr werdet euch wundern, was neulich passiert ist: Auf einer Wanderung kam Jesus mit seinen Jüngern auch zu uns. Das war mir eine Ehre und ich ließ wieder meine Schürze wackeln. Dreizehn Personen zu bewirten, so von jetzt auf gleich, bedeutet Anpacken. Zu unserer Zeit gab es noch keinen Gefrierschrank mit Pommes frites oder einen Pizzaservice. Spülmaschine und Waschmaschine waren Fremdwörter. Ihr Frauen von heute habt es da viel leichter, wenn überraschender Besuch vor der Tür steht. Oder nicht?

Während ich meine Vorbereitungen für das Festmahl traf, wurde mir schlagartig bewusst, dass meine Schwester Maria mir gar nicht half. Sie saß doch tatsächlich die ganze Zeit zu Jesu Füßen, während ich schuftete. Hätte sie mir geholfen, wäre ich schneller fertig geworden. So blieb alles an mir hängen. Also, das hat mich schon geärgert.

In meiner Wut sagte ich das Jesus ziemlich deutlich. Wenn ihr denkt, er habe daraufhin Maria ermahnt, habt ihr euch geirrt. Er sagte, dass ich mir viel Sorgen und Mühe machen würde. Aber er sei nicht oft im Haus. Deshalb ist es ihm wichtig, dass wir ihm zuhören, da er vieles weiterzugeben habe. Maria habe richtig gehandelt, sie nutzte die Gelegenheit.

Natürlich musste ich erst einmal schlucken. Diese Reaktion hatte ich nicht erwartet. Da ich aber merkte, wie ruhig er zu mir sprach und weiß, dass er mich lieb hat, konnte ich es verkraften.

Trotzdem werde ich mit Maria noch einmal über ihr Verhalten sprechen.

2.
Begegnung in der Gegenwart

Sag mal, Maria ...

... ich bin sehr beeindruckt von dir. Mit deiner Haltung warst du ganz schön mutig. Zu deiner Zeit war es doch überhaupt nicht üblich, dass eine Frau ihren Platz in der Männerwelt einnahm, wenn nicht sogar behauptete. Wir würden heute von Emanzipation sprechen.

Wenn ich dich genau beobachte, wolltest du überhaupt nicht provozieren. Du warst still. Du hast weder Fragen gestellt noch diskutiert. Du hast einfach konzentriert zugehört. Dir ging es nur um Jesus.

Eigentlich ist es auch von Jesus sehr mutig, dass er dich nicht zurückgewiesen hat. Er handelt ganz anders, als es in der Männerwelt zu deiner Zeit üblich war.

Klar ist auch, dass du für die Jünger keine Fremde warst. Sie hatten ja schon längst mitbekommen, dass Jesus euch gut kennt. Ich denke nur, dass solch eine Begegnung zu Tisch der damaligen Öffentlichkeit dennoch nicht verborgen geblieben ist. Jesus stand unter aufmerksamer Beobachtung durch die Pharisäer und Schriftgelehrten. Du weißt ja, in ihren Kreisen war es streng verboten, dass Frauen anwesend waren, wenn ein Rabbi lehrte.

Bist du wirklich so stark, dass dich manchmal nicht auch folgende Gedanken geplagt haben:

Bin ich normal? Passe ich in meine Zeit? Was werden wohl die Leute im Dorf über mich denken? Bei den Pharisäern und Schriftgelehrten wird bestimmt schon ein Urteil über mich als Frau gefällt worden sein.

Weißt du, wir tun uns heute nicht leicht, uns öffentlich zu Jesus zu bekennen. Bei uns steht er nicht plötzlich vor der Tür. Er sitzt auch nicht als Gast an unserem Tisch.

In unserer Zeit spielen sich eher folgende Gedankengänge in uns ab: „Was denken die Nachbarn, wenn ich plötzlich sonntags in den Gottesdienst gehe?"

An Gott glauben viele, aber an Jesus? Da könntest du schon einmal so eine Äußerung hören: „Ich bin doch nicht superfromm!" „Wenn ich mich in der Schule zu Jesus bekenne, werde ich ausgelacht. Da wird man schnell ein Außenseiter."

Es geht so weit, dass wir als Menschen so von uns überzeugt sind, dass wir behaupten können: „Ich brauche diesen Jesus nicht. Ich schaffe mein Leben alleine."

Doch du bist so ganz anders. Ich habe den Eindruck, dass für dich dieser Jesus mehr als nur ein einfacher Wanderprediger war. Sag mal, ahntest du bereits, dass er der wahre Messias, der Retter und Erlöser ist, der uns den Weg zurück zu Gott ermöglicht?

Sag mal, Marta ...

... für deine Art der Gastfreundschaft, so geschwind dreizehn Männer zu bewirten, muss ich dich loben. Sicherlich hast du erst einmal geschluckt. Werde ich das schaffen? Habe ich genügend Vorräte im Haus? Kann ich die Männer mit meinen Kochkünsten zufrieden stellen?

Ich kann dich gut verstehen, Marta. Neulich kamen drei Leute überraschend auf der Durchreise bei uns vorbei (nicht dreizehn!). Meine Gartenarbeit war dann natürlich zweitrangig. War ich dankbar, am Morgen gebacken zu haben! So freuten wir uns bei Tee und leckeren Schneckennudeln aneinander und tauschten uns aus.

Plötzlich klingelte es. Ein weiterer Besucher stand vor der Tür. Nicht für mich – er kam zu einem Gespräch mit meinem Mann. Dieser verspätete sich jedoch von einem anderen Besuch. So hatte ich die kunstvolle Aufgabe, diese unterschiedlichen Menschen miteinander zu verbinden. Es wurde sogar eine fröhliche Runde. Genial war, dass meine spontanen Gäste beim Tischdecken halfen.

Marta, ich habe den Eindruck, dass alles an dir gehangen hat. Verständlich, dass du dich über Maria aufgeregt hast, die scheinbar tatenlos zu Jesu Füßen saß. Luft und Liebe machen nun mal nicht satt. Für ein Essen muss auch etwas getan werden.

Wenn ich weiß, wer wann zu Besuch kommt, kann ich mich darauf einstellen. Dann ist es mir auch möglich, mehr Zeit mit meinen Gästen zu verbringen. Ich meine, dass sich unangemeldete Gäste darauf einstellen müssen, dass mein Haus kein „5-Sterne-Hotel" mit automatischem Küchenservice ist.

Mir selbst ist bei solchen spontanen Begegnungen eine einfache Bewirtung vorrangig, damit ich auch Zeit habe, die Beziehung zu pflegen. Tiefkühlkost, Salzgebäck und Kekse sollten deshalb immer im Haus sein. So gerät man nicht in Verlegenheit. Wir Frauen müssen uns da von einem gewissen Perfektionismus lösen, unter Mühen das Beste herbeizaubern zu wollen.

Liebe Marta, deine Sprache der Liebe ist eindeutig die Gastfreundschaft. Das ist wunderbar. Weißt du, ich hätte dir trotzdem auch ein wenig Zeit mit Jesus gegönnt.

Mache es dir doch das nächste Mal etwas leichter und unkomplizierter, wenn er wieder an deine Tür klopft.

Denk daran, Jesus kommt nicht jeden Tag ins Haus!

3.

Ich habe da noch eine Frage, Maria

Wie hast du das damals nur geschafft, dich einfach zu Jesu Füßen zu setzen, obwohl doch deine Schwester pausenlos am Vorbereiten war? Ich bewundere dich dafür, dass du allen Nebensächlichkeiten abgesagt hast. Weißt du, wie schwer es mir fällt, jeden Morgen neu vor Jesus zur Ruhe zu kommen? Ob es mir eher gelingen würde, wenn er leibhaftig vor mir sitzen würde? Ich weiß es nicht.

Seit wir auf dem Land wohnen, schätze ich die Morgenstunden ganz besonders. Während der Schulzeit stehen unsere drei Kinder selbstständig auf und frühstücken miteinander je nach Schulbeginn. Ich genieße es, noch ein paar Minuten Ruhe zu haben, da mein Mann und ich eher Nachtmenschen sind. Auf das Frühstück freue ich mich jeden Morgen. Aber anstatt mich danach „zu Jesu Füßen" zu setzen, lasse ich mich oft von den Geschehnissen des Tages (an)treiben.

Ab acht Uhr klingeln die Telefone. Es fällt mir schwer, nicht da ranzugehen. Es könnte etwas Wichtiges sein. Aber dann fällt mir ein: Ich sollte noch schnell einen Arzttermin für die Kinder ausmachen. Bevor ich dann zum Einkaufen fahre, versorge ich noch meine Hühner.

Neulich gab es im Hühnerstall einen Todesfall und eine kranke Henne musste geschlachtet werden. Da nur noch ein Huhn übrig blieb, entschied ich mich, vier neue zu kaufen. Davor musste aber der Stall gefegt und geputzt werden. Das war vielleicht eine Aktion!

Nach dem anschließenden Einkauf stand das Zubereiten des Mittagessens an. Dabei fiel mir ein, dass mein Mann ja wegen einer Beerdigung heute früher essen musste. Das Klingeln an der Haustür kündigte die Firma an, die uns mit Bergen von Kopierpapier belieferte. Das Telefon läutete, weil unsere Älteste von einer entfernten Bushaltestelle abgeholt werden musste. Schnell die Kartoffeln abgießen und den Tisch decken. Da der Schornsteinfeger weiß, dass wir um die Mittagszeit am besten zu erreichen sind, stand auch er noch vor der Tür.

So ging es den ganzen Tag weiter. Mein Mann berichtete von der Beerdigung, die Kinder von der Schule – und ich von meinen Hühnern. Am Nachmittag werden die Kinder pausenlos von ihren Freunden verlangt. Mich einfach hinsetzen und den Bibelworten lauschen, während die Wäscheberge nach dem Bügeleisen schreien, die Teppiche nach dem Staubsauger und die Fenster nach dem Fensterleder – einfach unvorstellbar!

Wie hast du so einfach abschalten können, Maria? Es muss dir gutgetan haben. Mir scheint, es hat dich sogar richtig bereichert. Du hast die Wichtigkeit der Stunde erkannt und Prioritäten gesetzt.

Ich muss dir gestehen: Auch ich habe das schon erlebt. Morgens beim Bibellesen, wenn die Worte Hände und Füße bekommen und lebendig werden. Das hat Auswirkungen auf den ganzen Tag.

Ich weiß doch darum. Das beflügelt, es gibt mir neue Kraft.

Warum gelingt mir diese stille Zeit dann nicht immer? Weil der Alltag oft so laut ist und sich aufplustert wie ein Pfau. Aber ich erkenne es nicht gleich!

Ich möchte mich ganz neu nach dieser Ruhe sehnen, mich nach ihr ausstrecken. Der Jesus, dem du damals zuhörtest, ist doch auch der Herr in meinem Leben.

Maria, du bist mir ein Vorbild.

PS: Weißt du, dass ich mich auch gerne auf mein Fußbänkchen setze – anderen Leuten gegenüber zu Füßen? So kann ich mich richtig in dich hineinversetzen.

4.

Herr, mach mich bereit,
eine Empfangende zu sein

Herr Jesus, ich wünschte, du wärst mein Gast
und ich könnte dir ganz nahe sein.
Ich bin erschöpft, ich habe keine Kraft mehr.
Ich sehne mich so sehr danach, zur Ruhe
zu kommen und
Abstand zu nehmen von den Anforderungen
meines Alltags:

....

....

....

....

....

Während ich vor dir mein Herz ausschütte,
spüre ich auf einmal: Du bist wirklich da.
Du bist bei mir und hörst mir zu.
Das tut so gut.
Ich bin dir so wichtig,
dass du dir Zeit für mich nimmst.

Wie ein Kind lehne ich mich an dir an
als seist du mein Vater.
Ich muss mich jetzt nicht anstrengen,
bei dir muss ich jetzt auch nicht stark sein.
Ich darf mich fallen lassen
und du hältst mich.
Du hältst mich aus.
Ich bin still geworden.
Ich spüre, dass von dir eine Kraft ausgeht,
in der ich aufatmen und neue Energie
empfangen kann.
Herr Jesus, ich brauche dich,
nicht nur heute, sondern auch morgen.
Danke für die Zeit mit dir. Amen.

5.

Gedanken zur Gelassenheit

Bin ich bereit ...
   ... meinen Mann loszulassen,
   wenn er mit Arbeit überversorgt ist?
   Werde ich mich an ihn klammern
   oder kann ich ihn Gott anbefehlen?

Bin ich bereit ...
   ... meine Kinder loszulassen,
   wenn sie neue Wege gehen,
   auf denen ich sie nicht begleiten kann,
   wenn sie andere Wege gehen,
   die mir nicht gefallen?
   Bin ich bereit,
   sie aus meinen behütenden und festhaltenden
   Händen
   in Gottes bergende Hand zu entlassen?

Bin ich bereit ...
   ... meine Eltern auf ihrem Weg ins Älterwerden
   loszulassen,
   sie nicht festzuhalten wie ein kleines Kind?
   Bin ich bereit, ihnen zuzugestehen,
   dass Gott mit ihnen seine eigenen Wege geht?

Bin ich bereit ...
.. meine Wünsche und Sehnsüchte loszulassen?
Bin ich bereit zu akzeptieren,
dass nicht alle Erfüllung für mich gut wäre?

Jesus, schenke mir die nötige Gelassenheit
für alles Loslassen, in dem ich mich befinde.
Hilf mir auch, den lauten Alltag loszulassen,
um bei dir aufzutanken.
Lass mich dir mehr vertrauen,
als ich es bisher gewagt habe.
Geh in all diesen Prozessen bitte behutsam mit
mir vor.
Du weißt, es fällt mir nicht leicht.
Danke, dass du mein liebender Vater bist,
der weiß, was sein Kind braucht.
Amen.

6.
Alles hat seine Zeit

Eine im sozialen Bereich sehr engagierte Frau berichtet recht erschöpft, wie stark ihr Terminkalender doch von außen verplant wird. Auf die Frage: „Denken Sie auch einmal an sich? Tragen Sie in Ihren Kalender auch entspannte Termine mit sich selbst ein?", reagiert sie entsetzt: „Das wäre ja eine Notlüge!"

Was sind meine geheimen Antreiber?

- „Ich muss immer für alle da sein."
- „Was ich tue, das will ich auch optimal umsetzen."
- „Ich möchte mir nichts zu Schulden kommen lassen."
- „Wer mich um Unterstützung bittet, den möchte ich auf keinen Fall vor den Kopf stoßen."
- „Ich bin nun einmal so erzogen worden, dass ich mich grundsätzlich zurücknehme und zuerst an andere denke."
- „Aus meiner Kindheit bestimmt mich immer noch das Gottesbild: ‚Sei brav! Leiste etwas und tu was Gutes!'

Zum Nachdenken, vielleicht auch zur Korrektur:

„Die Apostel kehrten zu Jesus zurück und berichteten, was sie getan und gelehrt hatten. Darauf sagte Jesus: ,Kommt, wir ziehen uns an einen einsamen Ort zurück, wo ihr euch ausruhen könnt. Denn ständig waren so viele Menschen um sie, dass Jesus und seine Apostel nicht einmal Zeit fanden zu essen. So fuhren sie mit dem Boot an einen ruhigeren Ort.'

Markus 6,30-32

Bilanz einer Arbeitswoche

Schätzen Sie einmal, wie viel Zeit Sie in etwa für die einzelnen Aufgaben Ihres persönlichen Arbeitsprogramms benötigen:

- Berufstätigkeit außerhalb der Familie
- Fahrzeit zum Arbeitsort
- *Haushalt*: Kochen, Putzen, Waschen, Bügeln etc.
- Gartenarbeit
- *Einkauf*: Großeinkauf, kleine Einkäufe – wie oft?
- *Ehepflege:* Zeit zum Gespräch
  gemeinsame sportliche Betätigungen
  Ausgehzeiten
  gemeinsame Fernsehzeiten
  Zeit mit Freunden
- *Kindererziehung:*
  Zeit zum Spielen, Lachen, Schmusen
  Hausaufgabenbegleitung
  Arztbesuche

Fahrdienst zu außerschulischer Förderung durch
Musik und Sport
kirchliche Veranstaltungen
Abendritual
Zeit für Enkelkinder

- *Psychohygiene:*
  entspannte Zeiten für mich allein
  Hobbypflege
  Zeit mit der Freundin
  ausreichende Schlafzeiten
- *Zeit mit Gott:*
  Bibellesen, Gebet
  Gemeinschaft mit Christen

Wie bekomme ich alles unter einen Hut?

In der Stille vor Gott tanke ich auf und setze Prioritäten.

Eine To-do-Liste für eine Woche bzw. jeden Wochentag gibt mir Überblick.

Ich entscheide aus meiner Situation heraus:

Was ist dringend und stellt alles andere erst einmal in den Hintergrund?

....

Was ist wichtig und sollte im Auge behalten werden?

....

Wovon grenze ich mich ab und sage „Nein", weil es mich überfordert und mir schadet?

....

Welche „Unwichtigkeiten" gönne ich mir ganz einfach, weil sie mir guttun? Ich darf dabei auch spontan sein.

....

Bei allen Überlegungen nehme ich mein Arbeitstempo und meine Belastungsfähigkeit ernst. Ich sage „Ja" zu mir und vergleiche mich nicht mit anderen.

Tipp aus der Bibel

„Arbeitet so bereitwillig, als würdet ihr Gott dienen und nicht Menschen." *Epheser 6,7*

7.
Ideenbörse: Zur Ruhe kommen und auftanken

körperlich – seelisch – geistig

Ich tanke gerne auf im körperlich-seelisch-geistigen Bereich:

- beim Hören von z. B. meditativer Musik,
- bei einem Konzertbesuch,
- beim Singen alleine oder in einem Chor,
- beim Musizieren,
- auf einem Spaziergang,
- beim Walken,
- auf einer Fahrradtour,
- bei progressiver Muskelentspannung mit Musik,
- bei einer Körpermassage,
- beim Baden im Freibad oder Thermalbad,
- bei einem Bad in der Badewanne mit Duftmittel im Kerzenschein und mit schöner Musik,
- beim Ausprobieren eines neuen Parfüms,
- beim Friseur, wenn ich mir einen frischen Haarschnitt gönne,
- bei einem Kinofilm, der mir entspricht,
- bei einem Theater- oder Musicalbesuch,
- an einem schön gedeckten Tisch,
- bei einem gemütlichen Restaurantbesuch,
- bei einer Tasse Espresso oder Cappuccino bzw. Tee,

- wenn ich mich mit einem Menschen treffe, der mir guttut,
- bei einem Telefongespräch, bei dem ich Entlastung und Ermutigung erfahre,
- beim Lesen eines guten Buches,
- bei einem Hobby, z. B. Basteln oder im Umgang mit Tieren,
- wenn ich mir einen Babysitter – wenn nötig – gönne, damit ich, nachdem ich Abstand gewonnen habe, neu zu der Rasselbande zurückkehren kann,
- wenn ich einmal wieder richtig ausschlafen kann,
- bei einem Wochenende zum Durchatmen für Frauen.

Ergänzen Sie Ihre persönlichen Entspannungsmöglichkeiten und erlauben Sie sich ruhig auch einmal, Zeit zweckfrei zu „vergeuden", einfach aus der Freude und einer inneren Freiheit heraus:

....

....

....

....

....

geistlich

Ich tanke geistlich auf:

- Ich schalte alles ab: Radio, CD-Player, TV ... Ob zu Hause oder alleine unterwegs, ich halte diese Stille aus. Ich fliehe nicht. Ich gebe Aufmerksamkeit, Achtsamkeit, Wachsamkeit Gott gegenüber Raum. In der stillen Begegnung mit ihm lerne ich mich ganz neu kennen.
- Ich sitze in einer Kirche alleine und schaue aufs Kreuz, auf den Gekreuzigten.
- Im Gottesdienst komme ich zur Ruhe. Lieder, Gebete, Predigt füllen mich neu aus.
- Im Gottesdienst und danach erlebe ich Gemeinschaft mit Christen. Ich bin nicht allein. Ich werde ermutigt.
- Ein Tag im Kloster gibt mir Abstand zu meinem Alltag und zeigt mir neue Perspektiven auf.
- In einem geistlichen Konzert – ob Kantate, Oratorium oder Messe – gehen mir Worte aus der Bibel auf. Ich staune, wie der Komponist sich durch Gott hat inspirieren lassen.
- Zu Hause schlage ich das Gesangbuch bzw. Liederbuch auf. Die Texte der Schreiber sind durchlebt. Sie geben Erfahrungen mit Gott weiter. Das tut mir gut.
- Die Bibel soll im Regal nicht verstauben. Sie ist wie ein Vitamintrunk für meinen Alltag. Ich lese und bewege. Ich lasse ruhen, was ich noch nicht verstehe. Ich staune, über welchen Gottesworten mir ein Licht aufgeht.

- Ein Andachtsbuch schlägt eine Brücke vom Bibelwort zu meinem Alltag.
- In stressigen und chaotischen Zeiten wird ein Losungswort zum Rettungsring, dass ich in meinem Alltag nicht ertrinke.
- Wenn ich auf Grund schwacher Augen nicht lesen kann: Hörbücher und Evangeliumsrundfunk sind eine Alternative.
- Das Gebet, das Reden mit und Hören auf Gott kann viele Gesichter annehmen:
  Ich bete im Rückzug an einem stillen Ort.
  Ich rede mit Gott über meiner aufgeschlagenen Bibel.
  Ich befehle Gott Menschen an, wenn ich bügle, koche oder einkaufe.
  In der Natur staune ich und lobe Gott für seine wunderbare Schöpfung.
  In schweren Zeiten, wo mir eigene Worte fehlen, helfen mir Psalmtexte. Oder ich berge mich unter Gottes Schutz – ohne Worte.
- Ich lege mir ein Dankbuch an, in dem ich aufschreibe, wofür ich Gott unsagbar dankbar bin.
- Ich tanke auf, wenn ich im Kontakt mit Christen bin, z. B. in einem Hauskreis, Gesprächskreis, Frauenkreis, Gebetskreis oder auf einer Freizeit. Jesus legt seinen Segen darauf, wenn zwei oder drei in seinem Namen versammelt sind. Eine wunderbare Verheißung!

Jesus möchte unsere Füße auf weiten Raum stellen, in dem unsere Maria und Marta Platz finden. Beide sollen sich entfalten und dennoch achtsam aufeinander sein. In der Ausgewogenheit von Empfangen und Weitergeben erfährt unser Leben diese göttliche Würde. Spätestens in der Lebensmitte bricht diese Sehnsucht nach einem inneren Gleichmaß durch, nach einer guten Balance zwischen Maria und Marta.

Ein Fass, das immer nur angezapft wird, ist eines Tages leer. Wer nur gibt, wird eines Tages seinen Nullpunkt erreichen. Jesus weckt in uns die Sensibilität, dass wir bedürftig sind. Deshalb will er uns zuerst füllen.

Ergänzen Sie, wie Sie selbst geistlich auftanken:

....

....

....

....

....

....

....

8.
Auf dem Weg ins Abenteuerland „Stille"

Der Ausstieg aus unserer modernen Lebenswelt ist nicht leicht. Da müssen wir lassen, verlassen, loslassen und vielleicht auch so mancher Fessel absagen.

Für eine Stunde, für einen Tag – und das immer wieder. Aber es wird sich auszahlen.

Wer bin ich:

- ohne meinen unkontrollierten Umgang mit Reizen, Geräuschen und Aktionen?

- ohne meine chronische Zeitnot, die so modern geworden ist?

Überall und in allem werden wir angetrieben, am Ball zu sein und nichts zu verpassen. Ob per Bildschirm, per Handy, im Nachhechten der unermesslichen Informationsflut – wir sind ständig in Bewegung und laufen uns gleichzeitig hinterher. Das macht unzufrieden. Wir sind nervös, unkonzentriert, verlieren den Überblick und sind leicht vergesslich. Wir verlieren uns und haben uns nicht mehr im Griff.

Ein derartiges Loslassen kann Ängste auslösen:

- Womit fülle ich die neu gewonnene, freie Zeit?
- Wenn ich loslassen soll, womit ich mich seither „eingemüllt" habe: Was bleibt von mir übrig?
- Kann ich mir offen in die Augen schauen?
- Halte ich mich überhaupt aus?

- Welchen Gedanken und Gefühlen muss ich mich schonungslos stellen, ohne dass ich vor ihnen fliehen kann?
- Wie begegne ich meinem eigenen Schatten, meinen negativen Gefühlen, die ich in der Unruhe meines Alltagsstresses unbemerkt verdrängen konnte?

Der Weg ins Abenteuerland „Stille" kann uneben sein. Ich bin alleine. Mir wird ein sauberer Spiegel vorgehalten, in dem ich mich ungeschminkt wahrnehmen kann:

- Ich sehe meine in Falten gelegte Stirn, die darüber nachsinnt: „Was raubt mir im Alltag die Kraft, dass ich mich auf Wesentliches nicht mehr richtig konzentrieren kann? Wodurch vergeude ich ständig kostbare Lebenszeit?"
- Ich blicke in meine Augen, die eine tiefe Sehnsucht nach echter Geborgenheit, nach Lebenssinn und einer beständig gültigen Lebensmitte offenbaren.

In der Unruhe unseres lauten Alltags ist dieser Spiegel getrübt. Aber jetzt auf dem Weg ins Abenteuerland „Stille" verwandelt er sich in ein Tor, das ich durchschreiten kann. Ängstlich, aber mit festem Willen. Vielleicht bin ich neugierig, womit mich die Stille überraschen wird. In diesem Land sind Quellen verborgen, die ich entdecken und aus denen ich schöpfen darf. Es sind Quellen, die mir Kraft und neue Lebensenergie schenken. Aus ihnen fließt glasklares Wasser, Überlebenswasser. Es eröffnet mir das Herz für den

Sinn und die Würde meines Lebens. Ich komme in Berührung mit dem Schöpfergott, der mir das Leben gab. In seinem Sohn Jesus Christus will er mein guter, treuer Lebenshirte sein. Im Abenteuerland „Stille" bin ich frei und kann mich ganz und gar auf ihn konzentrieren. In seiner Person verkörpert sich das Wesentliche meines Lebens. Ich lerne zu hören, zu sehen, zu fühlen, mich neu zu besinnen und zu orientieren. Und erst hier in der Stille geht mir auf, was mir im Alltag verloren gegangen ist: Woher ich komme, wohin ich gehe und wer ich als Mensch in der Berührung mit Gott bin.

Der Kirchenvater Bernhard von Clairvaux formulierte:

„Denk also daran:
Gönne dich dir selbst.
Ich sage nicht: Tu das immer;
Ich sage nicht: Tu das oft;
Aber ich sage: Tu es immer wieder einmal.
Sei wie für alle anderen auch für dich selbst da,
oder jedenfalls sei es nach allen anderen."

Im Abenteuerland „Stille" gönne ich mir eine Auszeit „nach allem anderen". Ich werde gereinigt, erneuert, erquickt und komme verwandelt in meinen Alltag zurück. Mein Blick gewinnt an Schärfe, um gesund mein Lebensprogramm einzurichten, zu sortieren und dabei das Wesentliche nicht zu verlieren.

Haben Sie Ihren Urlaub vom Alltag im Abenteuerland „Stille" schon gebucht?

9.

Ich habe auch noch eine Frage, Marta

Du gehst mir einfach nicht aus dem Sinn. Du warst so tüchtig. Du hast dich so eingebracht. Und das mit deiner ganz persönlichen Liebessprache. Mit deiner Fürsorglichkeit und Hilfsbereitschaft wolltest du Jesus und den Jüngern alles geben.

Gott hat uns Frauen mit solch unterschiedlichen Gaben ausgestattet, damit wir einander unsere Liebe zeigen können. Aber wie oft verstehen wir einander nicht. Wir sehnen uns nach Lob und Anerkennung. Wir suchen Nähe und Zärtlichkeit. Wir freuen uns auf gemeinsame Zeit und wir lassen uns auch gerne von einem Geschenk überraschen. Jede von uns ist mehr oder weniger für die eine oder andere Liebessprache empfänglich.

So hast du dich, Marta, ganz gegeben. So lieb hast du Jesus gehabt. Du wolltest mit deiner Liebessprache einfach alles für ihn tun, was dir nur möglich war.

Hast du dich da nicht auch nach einem dicken Lob gesehnt? Gerade was den Haushalt und das Kochen betrifft, wird von den Menschen, mit denen wir zu tun haben, so vieles für so selbstverständlich genommen. Manchmal sind wir einfach traurig, wenn wir keine Wertschätzung und Anerkennung erfahren.

Wenn einmal etwas angebrannt ist oder wir zu wenig gekocht haben, dann bekommen wir schon Rückmeldung vom Ehepartner oder den Kindern. Das kann es doch nicht sein!

Wenn die Wohnung nicht aufgeräumt ist, haben wir schnell ein schlechtes Gefühl, wenn sich die Mutter oder Schwiegermutter anmeldet. Wir fühlen uns doch gar nicht immer so sicher. Wertschätzung wirkt Wunder. Sie stärkt uns und sie stärkt auch die Beziehung.

Für mich ist Jesus mit seinem ganzen Wesen und Verhalten ein großes Vorbild. Kein Mensch kann seine Liebe und Wertschätzung so zum Ausdruck bringen wie er.

Ich bin schon erstaunt, wie Jesus dir begegnet. In keiner Weise überschwänglich und begeistert. „Marta, Marta, du hast viel Sorge und Mühe". Jesus spricht deinen Namen zweimal aus. Das zeigt, dass er dich sehr lieb hat und du ihm wichtig bist. Er nimmt deinen Einsatz wahr, er schaut nicht darüber hinweg. Aber er sieht, dass du in deiner Geschäftigkeit eine Mauer um dich herum „aufgearbeitet" hast und ihn gar nicht richtig wahrnehmen kannst.

Jesus übt Kritik an dir. Hat dir das nicht ein bisschen wehgetan, obwohl er gewiss mit lieber Stimme zu dir gesprochen hat? Je näher einem ein Mensch steht, umso verletzbarer kann man sein, wenn kritische Worte aus seinem Mund kommen.

Es geht weiter. Dein Wunsch, dass er Maria kritisiert, geht nicht in Erfüllung. Er sagt: „Eins aber ist Not. Maria hat das gute Teil erwählt; das soll nicht von ihr genommen werden."

Eigentlich kritisiert er deine Schwester auch. Kritik muss nichts Schlechtes sein. Er beurteilt ihr Verhalten als gut. Sie darf so sein wie sie ist. Sie hat erkannt, was in diesem Moment not-wendig ist. In seinem Sinn hat sie im richtigen Augenblick die richtige Entscheidung getroffen. Jesus teilt mit seinen Worten Nahrung aus. Das war jetzt wichtiger, als sich auf die leibliche Nahrung zu konzentrieren.

Weißt du, ich kenne auch solche Situationen: dass ich auf einmal durch ein Wort, das er gesprochen hat, ins Nachdenken komme. Es kann sogar sein, dass ich merke: Ich muss mich ändern. Ich darf mich von ihm korrigieren lassen. Seine Kritik schafft Leben.

Wie ist es dir nach dieser Begegnung mit ihm gegangen?

10.

Herr Jesus, du bist ein wunderbarer Seelsorger

Jeder einzelne Mensch ist dir wichtig.
So auch Maria und Marta.
So auch ich.
Deine Augen voller Liebe schauen ins Herz.
Du nimmst uns ganz wahr.
Du siehst unsere Defizite.
Du weißt um unsere Verletzungen,
die uns immer noch zu schaffen machen.
Du weißt, was für uns gut ist
und was wir wirklich brauchen.
Mit deiner Kritik gibst du uns Lebenshilfen.
Wenn du korrigierst, dann nur,
weil wir uns verzetteln
und vom Wesentlichen in unserem Leben
abkommen.
Öffne meine Augen, meine Ohren und mein Herz,
dass sie sich vor dir nicht verschließen.
Mach mich bereit, auf deine Kritik einzugehen,
damit ich mich nach deinem Willen
ausrichten und verändern kann.

Und hilf uns untereinander,
einander beizustehen,
einander zu ermutigen
und einander zu stärken.
Schenke uns Mut,
in Liebe und Wertschätzung
Kritik voreinander auszusprechen.
Wir sind und bleiben deine geliebten Kinder,
doch du bist zu uns wie ein barmherziger Vater.
Danke.
Amen.

11.

Was mich jetzt noch interessiert, Maria und Marta

Sagt mal, ihr beiden Schwestern, wie war das, als ihr euch untereinander ausgesprochen habt?

Wenn Emotionen aufsteigen, braucht es Zeit, bis sie sich abgekühlt haben. Ging euch das nicht auch so? Sicherlich hast du, Marta, damit mehr zu schaffen gehabt als deine Schwester.

Manche Männer – vielleicht auch manche Frauen – gehen, wenn's ernst wird, eher gerne miteinander spazieren. Dann brauchen sie sich während des Gesprächs nicht in die Augen zu schauen. Sie haben ein wenig Abstand voneinander.

Bei euch beiden kann ich mir jedoch vorstellen, dass ihr einander gegenüber gesessen habt. Wer wird wohl den Anfang gemacht haben? Maria, wolltest du deiner Schwester vielleicht erklären, warum du sie enttäuscht hast, und dich sogar bei ihr entschuldigen? Oder warst du es, Marta, die ganz offen und ehrlich ihren Frust rauslassen musste?

Wie schnell stehen wir in der Gefahr, den anderen nur mit der eigenen Brille wahrzunehmen. Wie schnell urteilen und verurteilen wir voreilig und geben dem anderen keine Möglichkeit, sich zu erklären. „Typisch Maria" oder „Typisch Marta" sind solche Denkhaltungen, wo wir einander in Schubladen stecken. Das kann auch bei liebenswürdigen Schwestern passieren.

Heute machen wir uns genauso schuldig: „Typisch für die alte Generation", „Typisch für die junge Generation", „Typisch Männer", „Typisch Frauen". Wir verallgemeinern und legen einander fest.

Vielleicht hat der Besuch von Jesus euch beiden so gutgetan, dass eure Herzen füreinander offen waren. Es gab keine Scherben und die Fetzen mussten nicht fliegen. Vielleicht habt ihr euch in eurer Unterschiedlichkeit ganz neu entdeckt.

Wenn ich dich, Maria, und dich, Marta, anschaue, dann schlagen zwei Herzen in meiner Brust. Mal empfinde ich wie du, Maria, ein anderes Mal entdecke ich, wenn ich in den Spiegel schaue und meine Stressfalten sehe, dich, Marta. Ihr beide gehört zusammen und ihr ergänzt euch. Keine ist besser oder schlechter. Keine von euch ist mehr oder weniger wert. Und ihr beide seid mit euren Haltungen auch in mir angelegt.

Jetzt habe ich das Gefühl, ich sitze mit an eurem Tisch und wir sind zu dritt. Eure Zeit und unsere Zeit sind zusammengerückt. Miteinander haben wir das gleiche Problem, das uns jeden Tag neu herausfordert: Wann ist der richtige Zeitpunkt, dass du mich mit deiner Haltung prägst, Maria? Wann gilt es, die Ärmel hochzukrempeln und anzupacken, wie du es getan hast, Marta?

Ohne Marta-Haltung würden wir körperlich verhungern und verdursten. Ohne Maria-Haltung bekäme unsere Seele keine Nahrung. Allein in der Marta-Haltung könnten wir uns in den Alltäglichkeiten unseres Lebens rasch verlieren. Wir stünden in der Gefahr, nur noch zu geben – bis zur Erschöpfung. Mit der Maria-Haltung wird unser Blick nach „oben" geöffnet. Mit der göttlichen Dimension lernen wir eine Quelle kennen, aus der wir empfangen und durch die wir beschenkt werden. Empfangen und Weitergeben, Geben und Nehmen, beide Haltungen zur rechten Zeit bringen unser Leben ins Gleichgewicht. Das ist für uns „not-wendig", so hat es ja Jesus gemeint. Wir kommen in Not, wenn wir nur auf einem Standbein leben wollen. Unsere Not wird gewendet, wenn wir dem zweiten Standbein Raum zur Verfügung stellen.

Im richtigen Moment loslassen zu können bedeutet: Es kann sich tatsächlich eine Tür zu Sternstunden oder -minuten öffnen, ob mit Jesus, mit mir selbst, mit anderen Menschen oder auch mit der Bewertung meiner Situation.

Marta und Maria, es ist so gut, dass es euch beide gibt. Ich habe euch richtig lieb gewonnen.

12.
Anstöße zu einem hilfreichen Gespräch

Person und Sache werden deutlich voneinander getrennt.

Wertschätzung nimmt den anderen ganz wahr und nicht nur die Seite, die kritikwürdig ist. In entspannter Situation, in guter Atmosphäre können wir meist mehr Lobenswertes als Kritikwürdiges entdecken.

Ehrlichkeit, Echtheit und Offenheit sollen so gelebt werden, dass der andere durch die „Wahrheit" nicht erschlagen wird. Angenommensein und gegenseitiges Vertrauen sind die Ausgangsbasis.

Das Gegenüber soll die Möglichkeit haben, Stellung zu beziehen, sich zu erklären oder auch zu rechtfertigen.

Wenn der eine Gesprächspartner redet, hört der andere zu, ohne ins Wort zu fallen. Hat der eine abgeschlossen, kann der andere das Gesagte mit eigenen Worten wiedergeben. Er kann nachfragen: Habe ich dich richtig verstanden?

Gemeinsam gilt folgende Grundhaltung: Du bist mir wichtig. Die Anstöße, die ich dir gebe, sollst du einfach einmal bedenken. Ich will sie dir nicht überstülpen. Danach triffst du deine Entscheidung. Ich möchte sie achten und respektieren.

Keiner setzt den anderen unter Druck, sondern gewährt Raum und Zeit zum Bedenken und Umdenken.

Keine Verallgemeinerungen!
„Immer, wenn wir Besuch bekommen, sitzt du einfach da und packst nicht mit an!"

Keine Schwarz-Weiß-Malerei!
Z. B.: Maria ist faul. Marta ist sehr fleißig.

Keine Du-Botschaften! Wie ein Pfeil treffen sie ins Herz.
Z. B.: „Du" bist eine faule Schwester. „Du" hast mich völlig im Stich gelassen.

Ich-Botschaften geben Raum, Stellung zu beziehen. Sie offenbaren, wie die Person, die Kritik übt, empfindet.
Z. B.: „Ich bin traurig, dass ich keine Entlastung durch dich bekam."

Es ist gut zu überlegen, wann und wo das Gespräch stattfindet: nicht in aufgeheizter Stimmung, nicht unter Zeitdruck, nicht mit hungrigem Magen (fördert Aggressivität!), nicht unbedingt um Mitternacht.

Wenn es um ein seelsorgerliches Gespräch geht, tut eine ruhige, ungestörte Atmosphäre wohl.

Es ist wichtig, sich gegenseitig im Gespräch nicht überzustrapazieren. Die Konzentration ist begrenzt. Das Gespräch kann abgebrochen und zu einem späteren Zeitpunkt fortgesetzt werden. In der Zwischenzeit können bei beiden Gesprächspartnern neue Gedanken in Bewegung kommen.

Manchmal hilft es schon, dem anderen einen Müllkorb für seinen Seelenmüll anzubieten, sodass er seinen Ärger einfach herausreden kann.

Wichtig: Keine Harmonie um jeden Preis!

Spannungen und Andersartigkeit müssen ausgehalten werden.

In allem ist es hilfreich, vom Standpunkt des anderen aus denken, verstehen und sich einfühlen zu lernen.

Erhalten Sie sich ein wenig Vorfreude darauf, dass das Gespräch einen guten Ausgang findet. Das schenkt Kraft, mit positiver Energie in das Gespräch einzusteigen.

Lernen Sie an Jesus, in welcher Haltung er Menschen begegnet, die Wahrheit über ihrem Leben ausspricht und ihnen Zugang zu einer neuen Lebenshaltung verschafft!

Dennoch können wir auch in einem gut gemeinten Gespräch an unsere Grenzen kommen und einander nicht in dem Sinn „helfen", wie wir es erhofft haben.

Dann dürfen wir unser Gegenüber Jesus anvertrauen. Das entlastet und schließt Hoffnung füreinander nicht aus.

13.
Ein Gespräch unter Schwestern

Sabine, welche Erfahrungen hast du mit deiner Maria und Marta in deinem Alltag gemacht?

In einer unserer früheren Gemeinden legte Gott mir mitten in der Sommerzeit aufs Herz, einige Frauen zu einem neuen Gesprächskreis einzuladen.

Ich war selbst überrascht über diesen himmlischen Einfall und begann, für diese Frauen zu beten.

Mit klopfendem Herzen besuchte ich sie nach einiger Zeit. Im Gespräch erfuhr ich von einer dieser Frauen, dass sie sich gerade über ihre Freizeitgestaltung Gedanken mache. Sie sei jetzt in einem Alter, wo Wandern, Tanzen und Kultur angesagt seien. Unerschrocken fragte ich zurück, ob sie sich auch vorstellen könnte, einmal im Monat an einem Kreis teilzunehmen, in dem man in der Bibel liest, sich untereinander austauscht und miteinander betet. Besondere Unternehmungen könnten dann auch mit eingeplant werden.

Spontan sagte sie zu. Eine ähnliche Bereitschaft erlebte ich auch bei den anderen Frauen.

Jedes unserer Treffen wurde ein Fest. Eine gute Atmosphäre in einem gemütlichen Rahmen war mir wichtig. Der Tisch war schön gedeckt, das Licht gedämpft – so konnte es losgehen. Jede von uns sorgte abwechselnd für die Bewirtung. Wir hatten einen festen Raum. So waren wir ungestört. Manches offene Wort wurde ausgesprochen und manche Träne durfte fließen.

Es waren Himmelsbegegnungen. Wir gewährten einander ein Stück Einblick in unser Leben. Wertvoll war, dass das Ausgesprochene wirklich unter uns blieb. Jeden dieser Abende schlossen wir mit Gebet ab. Es durfte beten, wer wollte.

Trotz der vielen Termine, die jede von uns hatte, blieb ein solcher Abend etwas ganz Besonderes. Er durfte aus der Stille heraus wachsen. Das durchzog alle Treffen.

Hin und wieder gönnten wir uns einen guten Film oder gingen auch einmal aus zum Essen.

Ich denke gerne an diese Maria-Zeiten zurück und bete, dass Gott die ausgestreute Saat aufgehen lässt.

Es gibt aber auch Tage, da packt mich die Schaffenslust, wie es auch Marta ergangen ist. Weh dem, der mir dann im Weg steht. Es gibt vieles, das mir Freude bereitet, doch manchmal fällt es mir schwer, Prioritäten zu setzen:

Selbstgebackene Schneckennudeln erheitern jedes Mal von neuem das Familienklima. Auch Nachbarn dürfen von ihnen profitieren. Ich freue mich über einen Überraschungsbesuch, dem ich eine Kostprobe davon mitgeben kann.

Unterwegs zu Besuchen habe ich meist etwas Selbstgemachtes als kleines Geschenk mit dabei. Ein amerikanischer Straßenarbeiter sagte einmal zu mir, dass es bei uns in Deutschland so kalt untereinander sei. Ich möchte ein wenig Wärme weitergeben.

Ein grüner Daumen ist mir nicht angeboren. Dennoch bilde ich mir ein, in weiter Ferne einen Hauch von Grün erahnen zu können. So übe ich mich in der Gartenarbeit und investiere dafür Zeit. Ein Besuch bei meinen Hühnern kommt nie zu kurz. Vielleicht findet sich ein Ei?

Wenn mein Mann nach Hause kommt und mir von seinen Erlebnissen erzählen möchte, kann es schon sein, dass nur ein halbes Ohr für ihn offen ist. Andererseits erlebt er mich mit voller Kraft, wenn ich begeistert bin.

Wie schnell kann ich in meinem Alltag mit der Stille auf Kriegsfuß stehen. Dann fühle ich wie Marta: Alles muss ich alleine machen.

Eigentlich „muss" ich gar nichts, niemand hat es mir verordnet. Was ich tue, erledige ich freiwillig. Also ist es auch meine Aufgabe, nicht andere für meinen „Umtrieb" verantwortlich zu machen. Ich darf aber um Mithilfe bitten.

Auf meinem inneren Bildschirm lege ich mir immer wieder eine Liste an, auf der steht, was ich der Reihenfolge nach tun will. Gleichzeitig stelle ich die Frage: „Herr, was ist jetzt wirklich dran?" Gott möchte keine erschöpften Geschöpfe.

Es ist wirklich spannend, Marta und Maria in sich selbst zu entdecken. Ich wünsche jedem von uns, dass er sich aufmacht, sie näher kennenzulernen. Denn Jesus liebt sie beide – und ich sie auch!

14.

Geborgen bei Jesus

Danke, Herr Jesus,
dass ich mich bei dir geborgen wissen darf.
Kommen darf ich, Herr, zu dir, wie ich bin.
Ungeschminkt, müde, abgehetzt,
misstrauisch, verzagt,
anklagend, fragend, suchend,
traurig, glücklich, leer und erfüllt.

Du kennst mich,
dir bin ich nicht zu schwer,
zu groß, zu umständlich,
zu aufdringlich, zu mutlos.
Du blickst hinter die Fassade meines Lebens.
Du siehst tief und gründlich.
Dir kann und brauche ich nichts zu verbergen.
Wenn ich dir alle Unzulänglichkeiten übergebe,
feierst du damit ein Fest.
Nur in deiner Hand
werden die Scherben meines Lebens wertvoll.

Dein Herz schlägt für mich,
wenn ich in den Alltagssorgen zu ertrinken drohe.
Danke, dass du mich gerade dann liebst,
wenn ich erschöpft bin.
Danke für alle Gaben,
die du mir geschenkt hast.
Lass sie mich immer wieder sinnvoll einsetzen
und auch zur Ruhe finden.
Danke, dass du dich freust,
wenn ich bei dir auftanke,
wenn ich bereit bin,
einige Minuten den lauten Alltag
beiseite zu legen,
um wieder neue Perspektiven für mein Leben
zu gewinnen.

Habe Dank für die faszinierende Entdeckung,
dass ich sowohl Marta- als auch Mariaseiten
in mir entdecken darf.
Danke für das befreiende Wissen,
dass du beide liebst.
Amen.

15.

Noch ein Gespräch unter Schwestern

Gerdi, wie kommst du mit deiner Maria und Marta in deinem Alltag zurecht?

Ich bin die Ältere von uns Schwestern. Ein Dutzend Jahre ist meine Lebensstrecke länger. Unsere drei Kinder sind schon seit einigen Jahren verheiratet und haben selbst Kinder.

Schon oft habe ich gedacht, dass meine jetzige Lebensphase so spannend wie noch nie ist. Da kommt die Marta in mir ganz schön in Schwung.

Gemeindearbeit, in der wir stehen, ist in der heutigen Zeit herausfordernd. Gleichzeitig lässt sie viel Raum, Menschen zu begegnen und zu gewinnen. Doch das fordert Kraft, Phantasie und Zeit.

Meine eigenen Aufgaben durch Vorträge, Seelsorge und Bücher weiten meinen Horizont. Ich staune, welche missionarischen Möglichkeiten Gott uns heute noch schenkt! Doch auch diese Aufgabenfelder fordern vollen Einsatz.

Wenn ich von so manchen Terminen nach Hause komme, macht es mir Spaß, meinen Kopf durch praktische Arbeit im Garten oder im Haus auszulüften. Ich habe keinen Putzfimmel. Aber eine Wohnung, die gemütlich eingerichtet ist und in der man sich rundum wohl fühlen und entspannen kann, tut uns miteinander gut.

Wir haben immer wieder Gäste. Wenn es die Zeit erlaubt, genieße ich die Vorbereitungen in der Küche und vor allem dann auch, den Tisch hübsch zu decken.

Unser Haus hat viele Zimmer. Wenn unsere Kinder mit den Enkeln kommen, dann sind die Gästezimmer alle belegt. Da herrscht ein buntes Treiben.

In der Lebensmitte habe ich nicht nur mit unseren Kindern und Enkelkindern Berührung, sondern auch mit den alt gewordenen Eltern. Krankheit und Pflege bleiben nicht aus.

Wann ist wo mein Platz? Mir ist es dabei wichtig, mein Herz sprechen zu lassen.

Und da kommt mir meine Maria entgegen. Sie kann zu mir sagen: „Vergiss dich nicht! Du kannst nicht nur geben. Du musst auch empfangen. Setze dir Prioritäten. Es gibt Zeiten, da musst du lernen dich abzugrenzen, um überleben zu können. Nimm dir Zeit für dich alleine! Nimm dir auch Zeit zusammen mit Jesus!"

Diese Maria wird ganz konkret:

„Wenn du jetzt von deiner Familie so stark beansprucht bist, lässt du die Weihnachtsbäckerei einfach einmal sein. Deshalb wird Jesus trotzdem an Weihnachten für euch von neuem geboren. Bei euch gibt es Supermärkte mit wunderbarem Gebäckangebot.

Wenn dir die Zeit fehlt, können deine Gardinen auch noch ein paar Monate länger hängen bleiben, bevor du sie wäschst.

Koche eine große Portion, die du dir auf zwei bis drei Mittagessen aufteilen kannst, um Zeit zu sparen und dennoch gesund zu essen.

Du wirst merken, du findest Zeit, um dir etwas Gutes zu tun:

Walken, Sauna, Entspannung bei beruhigender Musik, ein gutes Buch, ausreichend Schlaf ..."

Maria hat tatsächlich Recht. In solchen Entspannungszeiten regeneriere ich mich und mir fließen gute Gedanken zu. Ich muss mich gar nicht darum bemühen.

Trotzdem kenne ich auch Zeiten großer Herausforderungen, in denen ich nicht sensibel genug für Marias Stimme war. Ich stieß an meine Grenzen. Das wirkte sich gesundheitlich auf meinen Körper aus.

Es wird wohl kaum ein Leben geben, in dem uns nicht irgendwann extreme Belastungen abverlangt werden, ohne dass wir uns eine solche Situation mit Freude ausgesucht hätten. Da sind die Maria und Marta in uns auf die Probe gestellt.

Es ist eine gute Erfahrung: Jesus wendet sich in solchen Situationen nicht von mir ab. Ich muss nicht stark sein. Ich darf mein Schwachsein zugeben. Ich darf mir Zeit lassen, um mich zu besinnen und vielleicht auch neue Entscheidungen zu treffen, die mich in meiner Situation stärken. Er gibt mir diese Chance.

Deshalb spricht Maria weiter: „Gib Acht! Jesus will dich besuchen. Nimm dir Zeit mit ihm zusammen. Durch ihn bekommst du Kraft und einen neuen

Blick. Du kommst zur Ruhe. Deine Gedanken und Gefühle können geordnet werden. Du kannst bei ihm nur beschenkt werden!"

Ja, es stimmt. Ich gehe bei ihm nie leer aus.

Manchmal ist es nur ein Bibelwort aus dem Losungsheft, das meinen Tag prägt. Wenn ich die Bibel aufschlage und lese, bin ich immer wieder neu erstaunt, welche Lebenskraft in ihren Worten steckt. In Zeiten der Trauer und des Schmerzes, in Zeiten menschlicher Ohnmacht, hat mir dieses Wort schon so viel Kraft, Trost und Hoffnung gegeben.

Eines unserer Enkelkinder ist schwer krank. Wir staunen, welche Wunder Gott schon an ihm getan hat. Die Spannung, wie es mit seinem kleinen Leben weitergeht, kann ich durch Aktivismus weder aufheben noch verdrängen. Ich bin dankbar, dass ich mich wie Maria zu Jesu Füßen setzen kann. Er schenkt mir in all meiner Ohnmacht Geborgenheit und seinen Frieden. Er hat das kleine Leben dieses geliebten Kindes in seiner Hand und nur er kann den jungen Eltern die Kraft geben, die sie für ihren Weg brauchen.

Die Marta in mir freut sich, wenn sie den Kindern in ihrer Situation wieder einmal etwas Gutes tun kann.

So merke ich, beide Schwestern, Maria und Marta, geben aufeinander Acht. Sie ergänzen sich. Sie sind wach. Heute spricht man von Mentoring oder Supervision. So ein wenig haben sie davon mitbekommen. Das tut mir gut.

Die Lebensmitte ist mit ihren Herausforderungen wie eine Gratwanderung. Ich möchte mich immer wieder neu korrigieren lassen und das Ziel meines Lebens, einmal ganz bei Jesus zu sein, nicht aus den Augen verlieren.

16.

Jesus an meiner Seite

Danke, Herr Jesus, dass du Mensch
geworden bist.
Du hast dich in unser Leben gestellt mit all
seinen Herausforderungen.
Du spürtest Schmerz und Freude,
Stress und Entspannung.
Du hast dich uns Menschen hingegeben.
Und dennoch konntest du klar erkennen,
wann Grenzen und Rückzug notwendig waren.
Du wusstest genau, wann du die Stille bei
deinem Vater brauchtest.
Dort warst du der Hörende und hast empfangen.
Im Gespräch mit deinem Vater wurden
deine nächsten Schritte geklärt.
Du hörtest und gehorchtest.

Ich muss gestehen, diese Haltung fällt uns
nicht leicht.
Wie oft landen wir erst in einer Sackgasse
und werden dann erst bereit, auf dich zu hören
und dir zu gehorchen.

Ich danke dir, dass du so viel Geduld
mit uns hast, auch mit mir.
Du gibst uns nicht auf.
Du schenkst uns Freude, unseren Alltag
zu gestalten.
Und du ermutigst uns immer wieder neu,
ihn für eine Weile zu verlassen, um bei dir stille
zu werden,
um auf dich zu hören und dir zu gehorchen.
Danke, dass du uns diese Haltung vorgelebt hast.
Amen.

17.
Maria und Marta in mir

Nehmen Sie sich Zeit zu folgenden Fragen, ob alleine oder auch beim Austausch in einem Gesprächskreis:

1. Haben Sie Ihre Maria und Marta schon in sich entdeckt?
   Wie leben Sie Ihre stillere und Ihre nach außen gerichtete, aktivere Seite?
2. Welche Erfahrungen haben Sie mit diesen beiden Schwestern in Ihrem Alltag gemacht?
3. Was sagt Ihre Maria zu Ihnen?
   Z. B.: „Dich plagt dein schlechtes Gewissen, weil deine Wohnung mit kleinen Kinder kein Museum ist. Dir macht es zu schaffen, wie andere über dich denken. Steig immer wieder mal aus, auch wenn es dir nicht leicht fällt. Tu dir etwas Gutes. Gönn dir auch ein wenig Zeit bei Jesus!"
4. Was sagt Ihre Marta zu Ihnen?
   Z. B.: „Du bist wieder am Rotieren. Was sind deine inneren Antreiber, perfekt sein zu wollen? Triff in einer entspannten Situation eine neue Entscheidung. Setze Prioritäten!"
5. Wodurch haben Sie gelernt, Ihr schlechtes Gewissen zu zähmen, wenn es Sie anklagen will?

18.

Tipps gegen ein schlechtes Gewissen

- Ich stehe fest auf beiden Füßen und sage in aufrechter Haltung: Das bin ich. So hat mich Gott geschaffen und gewollt – mit meiner Kraft und mit meinen Gaben.
- Ich habe Grenzen. Dazu stehe ich. Doch Gott hat in mir angelegt, dass ich mich entwickeln und verändern kann. Ich gehe meinen Weg in dem Tempo und mit der Energie, die mir entspricht.
- Mein Wert hängt nicht davon ab, was andere über mich denken und wie sie mich bewerten, weil ich gerade nicht ihren Erwartungen entspreche.
- Gott stellt mich in die Verantwortung zu überprüfen: Was ist jetzt für mich dran? Was entspricht jetzt meiner momentanen Kraft? Wo sage ich jetzt fröhlich „ja" und befreit „nein"?
- Worin ist es in meiner augenblicklichen Situation gesund, Grenzen zu setzen?
- Ich stelle mich vor einen Spiegel, schaue mich an und sage laut: „Gottes Liebe zu mir ist an keine Leistung geknüpft. Er liebt mich bedingungslos." Ich atme tief durch und danke ihm für diese große Freiheit.

19.
Brief an Maria

Liebe Maria,

in Gedanken nehme ich einfach wieder an deinem Tisch Platz. Es tut mir so gut, dass du dich für mich interessierst. Bist du nicht auch ein wenig neugierig, welche Sorgen und Probleme wir Frauen in unserer Zeit haben? Gott hat dir wirklich die Gabe des Zuhörens geschenkt.

Weißt du, was mich zurzeit ganz stark bewegt: In unserer Gesellschaft ist es so laut geworden, dass wir selbst in unseren Gemeinden das Hören verlernen.

Ob Radio oder Fernseher, ob Kassettenrecorder, MP3-Player oder CD-Player, ob Videorecorder oder DVD-Player – wir lassen uns berieseln. Was wären wir heutzutage ohne Technik, doch sie steht auch in der Gefahr, uns völlig zu vereinnahmen. Was wären wir ohne Computer – doch er hat uns beruflich und privat im Griff.

Ja, du wirst staunen, aber wir müssen uns heute durch das Labyrinth der Technik hindurchschlängeln. Wohin auch immer! Gelingt es uns noch, aus der Ruhe heraus zu hören?

In unserer Gesellschaft nimmt der Stress auf allen Ebenen zu. Im Beruf steigen die Anforderungen. Oft unter Druck und bis zur Erschöpfung wird Leistung gefordert. Kommt man dann abends spät nach Hause, ist man erschöpft und möchte am liebsten nichts mehr hören und sehen. Und da soll das Ohr noch aufnahmefähig sein?

Hinter uns liegen gute Jahre des Wohlstands. Wir sind Kinder unserer Zeit und haben uns vom Materialismus bestimmen lassen. Unsere Lebensziele ebenso wie unsere Anspruchshaltung sind davon geprägt. Dadurch sind wir sehr stark nach außen gerichtet und ständig in Bewegung. Wohin treibt uns ein solcher Aktivismus? Fehlt uns da nicht die innerliche Ruhe und die Konzentration auf Wesentliches, um mit beiden Ohren hören zu können?

Wir müssen nicht wie du damals zum Einkaufen zu Fuß in die nächste Stadt wandern. Wir steigen ins Auto, wenn im Supermarkt Großeinkauf angesagt ist. Kannst du dir vorstellen, dass man beabsichtigt, unsere Läden größtenteils rund um die Uhr zu öffnen?

Oder wir fliegen übers Wochenende z. B. zum Weihnachtsshopping in eine andere europäische Stadt.

Was wird aus unserem Sonntag? Wir stehen heute in der Gefahr, dass wir uns von Menschen den uns von Gott geschenkten Ruhetag rauben lassen. Da gibt's doch keine Chance mehr, um Zeit zum Hören zu finden.

In dieser bunten Geschäftigkeit können wir uns in unseren Beziehungen ganz schnell aus den Augen verlieren. Wie viel Wert ist uns die Zeit füreinander? Ob in der Ehe, in der Familie, unter Mitarbeitern, in der Gemeinde …, wir sind auf Wertschätzung angewiesen. Verständnis, Rücksichtnahme, Ermutigung, Korrektur zur rechten Zeit eingesetzt, ist nur möglich, wenn wir Zeit und ein Ohr füreinander haben.

Leistung und Erfolg geben uns Bestätigung. Sie machen uns stark. Sie prägen unsere Lebenshaltung und unser Denken. Komme ich an? Bin ich gut genug? Das sind Fragen, die, Antreibern gleich, unserem Perfektionismus Nahrung geben. Wir vergleichen uns oder Neid kommt auf, wenn der andere leichter seinen Weg zu finden scheint.

Somit wird der Zugang zueinander erschwert. Eigentlich müssten wir unsere Ohren reinigen, damit sie geräusch-los und ungefärbt zuhören können.

María, dein Blick in unsere Welt muss dich jetzt bestimmt erschlagen haben. Aber so ist unsere Zeit.

Wenn wir uns schon schwertun, mit uns und untereinander zurechtzukommen – sag mal, siehst du da noch irgendwo ein Plätzchen für Jesus? Siehst du da noch eine Möglichkeit, dass er ein offenes Ohr bei uns findet?

María, du warst von Jesus begeistert. Das geschah nur, weil du dir Zeit zum Zuhören genommen hast. Du warst aufgeschlossen und bereit, dich auf ihn zu konzentrieren. Meinst du nicht, dass eine solche Haltung uns heute guttäte? Sie würde uns verändern und befreien. Wir bekämen den Blick für Wesentliches in unserem Leben. Es wäre so schön, wenn nicht erst in der Krise oder in Krankheitszeiten diese Gedanken aufbrechen, sondern unser Ohr schon in guten Zeiten für Jesu Worte geschult würde.

Weißt du, wenn einer damit anfängt und der Nächste auch Mut hat, Jesus zuzuhören, dann steckt er irgendwann einen Dritten, Vierten, Fünften ... an. Das hätte in der Tat Auswirkungen auf das Leben in unseren Gemeinden! Liebe Grüße – deine Gerdi

20.

Was mir zu schaffen macht

Herr Jesus,
ich leide darunter,
dass wir uns in der heutigen Zeit
mit Leistung, Stress und Wohlstandsmitteln
zugemüllt haben und darin ertrinken.
Unsere Ohren sind blockiert.
Sie sind zu, einfach taub
für das, was du uns eigentlich sagen willst.
Im Politbarometer des Zeitgeschehens
stündest du gewiss nicht an erster Stelle.
Du bist kein Diktator,
der befiehlt: „Verändert euch!"
Du bist einer, der dient.
Reinige du unsere Ohren.
Öffne du unser Gehör.
Mach uns bereit, dir zuzuhören.
Schenke uns Freude an deinen guten Worten.
Schenke uns in der Unruhe unserer Zeit
Freiheit und Mut,
uns miteinander zu dir zu bekennen.
Wecke du neues Leben überall dort,
wo Menschen, die dir zuhören, einander begegnen.
Fange bei mir an.
Amen.

21.
Brief an Marta

Liebe Marta,

die Bereitschaft zu dienen war sicherlich für dich in deiner Zeit etwas ganz Natürliches und Normales. Da bist du nicht unbedingt aufgefallen. Man hat es von dir als Frau einfach erwartet. Du lagst im Normbereich deiner Gesellschaft. Und wir wissen ja, du hast diese Bereitschaft zum Dienen mit dem Herzen gerne gelebt.

Jetzt nehme ich dich einmal mit in unsere Zeit hinein:

Ich habe den Eindruck, dass die Bereitschaft zum „Dienen" nachlässt. Egal, wo du hinschauen wirst, ob in das Leben von Vereinen oder einer Gemeinde: Meist sind es nur wenige, die sich zur Mitarbeit, zum „Dienen", freiwillig zur Verfügung stellen. Die wenigen stehen genauso wie du damals in der Gefahr, überfordert zu werden. Von ihnen wird dann automatisch zu viel verlangt. Das nimmt die Freude an der Mitarbeit und der Frust, „warum nur ich und nicht die anderen auch", nimmt zu.

Es gibt viele Gründe, die zum Mitarbeiternotstand und zu mangelnder „Dienstbereitschaft" beitragen.

Weißt du, die Situation von uns Frauen heute ist ein wenig komplizierter geworden:

Viele Frauen sind bis über die Lebensmitte hinaus berufstätig. Sie müssen gut organisieren, um Familienbetrieb und Berufstätigkeit unter einen Hut zu bekommen. Gott hat uns Frauen im Management begabt.

Die Scheidungsrate nimmt jedoch zu. Viele Frauen sind alleinerziehend und wollen ihr Bestes geben, damit Kinder und Beruf nicht zu kurz kommen.

Der Feierabend wird bei uns „kleingeschrieben". Durch die Berufstätigkeit müssen am Abend Aufgaben im familiären Bereich erledigt werden, zu denen man tagsüber nicht kommt. Selbst das Wochenende hat nicht mehr den stillen Freiraum, der ihm eigentlich zustehen sollte. Es gibt ja so viele verlockende Angebote!

Fernsehen und andere Medien bestimmen auch unser Abend- und Wochenendprogramm.

Durch unsere Mobilität verbringen wir viel Zeit auf den Straßen. Nicht jede kann in ihrem Wohnort arbeiten. Auch Verwandte sind kilometerweit übers Land verstreut. Das fordert Zeit.

Erahnst du, dass wir durch unsere gesellschaftlichen Verhältnisse herausgefordert sind und nicht einfach aussteigen können? Wenn wir nur von unserer Zeit her denken, sind diese Verhältnisse völlig normal. Die meisten von uns machen sich eher weniger Gedanken darum.

Wir sind Töchter unserer Zeit, das heißt, unseres Zeitgeistes. Das schlägt sich auch im „Dienstgeist" nieder.

Unsere Leistungs- und Wohlstandsgesellschaft hat uns gelehrt, zuerst an uns zu denken, damit wir vorankommen und es uns gut geht. Egoismus, übersteigerte Selbstverwirklichung und Individualismus sind ihre Folgen. Wir leben und denken eher als Einzelne. Somit ist uns der Sinn füreinander verloren gegangen. Das hat negative Auswirkungen auf einen guten Gemeinschaftsgeist. Gleichgültigkeit und Unverbindlichkeit sind die Folgen. Damit ist die Bereitschaft zum „Dienen" gefährdet. Damit bleiben auch viele wunderbare Gaben, die Gott uns geschenkt hat, auf der Strecke brach liegen. Sie bleiben wie ein kostbarer Schatz verborgen.

Ach, Marta, ich bin keine Pessimistin. Aber um nach neuen Wegen zu suchen, kann ich diese erst einschlagen, wenn ich meinen jetzigen Standort kenne.

Mitarbeiterschaft erfordert Beziehungspflege und Begleitung. Ich habe schon gute Erfahrungen gemacht, über Beziehungspflege neue Menschen zu gewinnen.

Am besten ist es ja, wenn wir uns heute in unseren Gemeinden als Schwestern verstehen. Du hast mit Maria zusammen als Schwestern Jesus gedient, aus Liebe heraus, weil ihr wusstet, was er euch bedeutet.

Ich glaube, wenn wir Frauen ganz neu erkennen, wer Jesus für uns ist, dass er mit seinem ganzen Leben uns „dient", dann würde unsere „Dienstbereitschaft" keine notgedrungene Pflichtübung mit Hängen und Würgen sein, sondern eine Antwort aus Dankbarkeit seiner Liebe und Fürsorge uns gegenüber.

Weißt du, eine solche Haltung können wir als Menschen nicht voneinander erzwingen. Dann ist sie Krampf und wird keine Beständigkeit zeigen. Ich bin davon überzeugt, dass Jesus uns auch in der heutigen Zeit berühren kann, dass wir bereit werden, uns von ihm dienen zu lassen. Dann können wir auch einen neuen Blick dafür bekommen, wie wir uns mit den Gaben, die er uns geschenkt hat, in der Gemeinde und darüber hinaus einbringen können.

Gott lässt sich in seinem Sohn Jesus Christus bewegen. Kannst du dir vorstellen, dass Zeit zum Gebet keine verlorene Zeit sein wird? Wir können füreinander und für das Leben in unseren Gemeinden beten.

Darin liegt ein Geheimnis verborgen. Jesus redet ja nicht nur zu den anderen, sondern auch zu uns. Vielleicht sagt er dann auf einmal zu mir: „Fang du an! Tu du den ersten Schritt! Ich traue ihn dir voll und ganz zu! Du wirst sehen, du bist nicht allein!"

Marta, ich möchte dich so gerne auch einmal in unsere Gemeinde einladen. Dann wirst du sehen, neben allen Herausforderungen, die dazugehören, kann Zusammenarbeit richtig Freude machen. Deine Gerdi

22.

Manchmal bin ich traurig

Lieber Herr Jesus,
manchmal bin ich traurig,
dass Gemeindearbeit so anstrengend ist.
Wir tun uns miteinander immer wieder so schwer
und es ist schwierig, Menschen zu gewinnen.
Auch du hast damals gelitten.
Du weintest über Jerusalem.
Du warst traurig,
dass nicht einmal deine Jünger
dich richtig verstanden haben.
Und dennoch hast du sie
in alle Welt geschickt.
Sie sollten deine Botschaft weitersagen.
Ich staune:
Kein Wort deiner frohen Botschaft
ist verlorengegangen.
Ich danke dir,
dass wir ein Glied in dieser Kette sind.
Mach du uns Mut, dranzubleiben.
Mach uns stark, an dir zu bleiben.
Mach uns treu, nicht aufzugeben.
Du bist der Schöpfer, der Leben weckt.
Du bist der Herr, der Menschen ruft und gewinnt.
Warum soll ich dann noch traurig sein?
Amen.

23.
Der Zeitgeist und seine Folgen

- Welche Probleme nehmen Sie wahr?
- Wie können wir unseren Kindern beibringen, dass „Nehmen" nur eine Lebensseite darstellt, jedoch persönlicher Einsatz und „Geben" gleichwertig dazugehören?
- Welche dieser Anliegen wollen Sie vor Jesus bringen?
- Tauschen Sie sich mit einer Freundin über Erfahrungen aus, in denen Sie von Jesus wunderbar überrascht worden sind!
- Welchen Stellenwert hat das Gebet im persönlichen Bereich und in Ihrer Gemeinde? Es gibt so viele Möglichkeiten, mit Jesus Kontakt aufzunehmen.

24.
Was unser Miteinander stärken kann:

Ich mache mir Gedanken darüber, welchen Stellenwert Gemeindeleben in meinem Alltag hat. Stellt es nur ein fünftes Rad am Wagen dar oder ist es für mich eine Auftankstelle geworden?

Empfangen und Geben gehören zusammen. Gottes Wort öffnet mir den Blick für mich, wie Gott mich geschaffen und begabt hat. Er ist es, der in mir Freude und Bereitschaft weckt, mich einzubringen.

Beziehungen in der Gemeinde werden gestärkt, indem wir dem anderen zeigen: Du bist mir wichtig.

Z. B. durch Lob und Anteilnahme im Gespräch, per Telefon oder durch einen kleinen Gruß, durch einen warmen Händedruck oder eine Umarmung – je nach Situation.

Bei Missverständnissen suchen wir nach Wegen, sie in einem klärenden Gespräch auszuräumen.

Gott hat uns unterschiedlich begabt. Nicht ich bin der Maßstab. Ich möchte vom anderen her denken lernen. Ich möchte ihn mit den Augen von Jesus wahrnehmen. Jesus freut sich an seinen Gaben. Ihm ist auch sein Platz in der Gemeinde wichtig. Vergleich und Neid hemmen uns. Wir sollen uns in unserer Unterschiedlichkeit ergänzen. Im Miteinander kommt eine bunte Vielfalt von Gaben zum Blühen.

Das ist der beste Nährboden für eine gute Gemeinschaft.

Wir können aber auch blockiert sein.

„Ich habe keine Gaben. Mich kann man zu nichts gebrauchen." Da will Jesus unsere Augen öffnen: „Du bist so wertvoll in meinen Augen und ich habe dich lieb. Lass uns doch miteinander entdecken, welch kostbarer Schatz in dir verborgen ist."

Der innere Stolz flüstert mir zu: „Halte dich zurück! Biete dich nicht an! Dich hat ja niemand gefragt." Doch Jesus kann ermutigen und befreien, damit wir versöhnt miteinander leben können: „Wenn ihr mich braucht, sagt es nur. Ich stehe zur Mitarbeit zur Verfügung."

Jesus sagt: „Ich bin der Weinstock, ihr seid die Reben. Wer in mir bleibt, und ich in ihm, wird viel Frucht bringen. Denn getrennt von mir könnt ihr nichts tun." (Johannes 15,5).

Bin ich bereit, in der Abhängigkeit von ihm zu leben und mich von ihm beschenken zu lassen? Bereit sein für ihn zu „dienen", das heißt, dass ich mich mit den von ihm geschenkten Gaben zur Verfügung stelle, gleichzeitig aber auch ihn anschaue und auf ihn höre. Er macht mich frei von Menschenfurcht, Zaghaftigkeit und Mutlosigkeit. Egal, welche Gabe ich habe, die Gabe des Gebets, der Seelsorge, der künstlerischen Gestaltung oder ... er macht mich an meinem Platz stark.

Das Allerschönste: Er kennt unsere Schwächen, unsere Unvollkommenheit, unsere Schwierigkeiten. Sie sind ihm nicht zu groß, als dass er aus diesen Bruchstücken etwas Wunderbares formen kann, den Rahmen, in dem Gemeinschaft und Gemeinde wächst.

25.
Was wir euch noch zu sagen hätten

Ein Wort an Mütter

Maria: Wodurch kannst du einmal am Tag kurz auftanken – ohne Kindergeschrei?

Marta: Deine Wohnung muss kein Museum sein. Bau Perfektionismus ab!

In welcher Weise kannst du in deiner Situation Hilfe in Anspruch nehmen, um dich zu entlasten?

Ein Wort an Männer

Maria: Seid achtsam und aufmerksam euren Frauen gegenüber! Betet für sie!

Marta: Lernt von Jesus, mit welcher Wertschätzung er der Frau begegnet und sie ermutigt!

Ein Wort an Alleinerziehende

Maria: Lebe nicht für dich alleine in der Konzentration nur auf dein Kind! Suche Außenkontakte! Probiere es doch einmal, indem du Verbindung zu einer Gemeinde aufnimmst!

Marta: Wenn du dich überfordert und unzufrieden fühlst, sag zu deinem schlechten Gewissen:

Stopp. Neben allen Aufgaben bin ich Mutter. Ich kann aber den fehlenden Vater nicht ersetzen.

Ein Wort an Berufstätige

Maria: Wie kannst du deinen Arbeitstag so beginnen, dass du dir zuerst etwas Gutes tust?

Marta: Organisiere deine Wochentage so, dass du am Sonntag nicht die „unerledigten" Dinge aufarbeiten musst.

Ein Wort an Pflegende

Maria: Gönne dir einmal am Tag etwas Gutes für dich ganz allein!

Marta: Habe Mut, Grenzen zu setzen, um dich zu schützen. Zu viel Besuch oder auch bisherige Gewohnheiten können dich überfordern. Die Entscheidung nimmt dir niemand ab. Du musst sie selbst treffen. Sei wachsam, wann du Hilfe von außen in Anspruch nehmen musst.

Ein Wort, um gesund älter zu werden

Maria: Bedenke das Ende deines Lebens! Nimm dir Zeit für den, der dich im Leben und Sterben nicht alleine lassen will!

Marta: Hab Mut zum Loslassen! Lebe nur mit wesentlichen Dingen!

26.
Die Geschichte von Maria und Marta geht weiter

In der Zeit, als die folgenden beiden Begebenheiten stattfanden, war bereits bekannt, dass die jüdischen Führer Jesus verhaften und hinrichten wollten. Dennoch hielten Maria und Marta auch in der Öffentlichkeit zu ihm.

Johannes 11,1-46 (Die Auferweckung des Lazarus):
Der Bruder von Maria und Marta ist krank. Jesus soll helfen. Doch Lazarus stirbt.

Als Jesus sich auf den Weg nach Betanien macht, bleibt Maria zu Hause. Marta läuft ihm entgegen. Sie sagt ganz ehrlich zu Jesus, was sie denkt: „Herr, wärst du hier gewesen, wäre mein Bruder nicht gestorben" (Vers 21).

Doch Marta zeigt auch eine tiefe Glaubensgewissheit: „Aber auch so weiß ich, Gott wird dir alles geben, was auch immer du ihn bittest" (Vers 22). – „Ja, Herr, ich habe immer geglaubt, dass du der Christus bist, der Sohn Gottes, der in die Welt kommen soll" (Vers 27).

Sie ist nicht scheu, mit Jesus im Gespräch zu stehen. Gleichzeitig denkt sie auch an ihre Schwester und ruft sie (Vers 28) zu Jesus.

Maria geht „sofort" (Vers 29) zu Jesus; sie „warf sich ihm zu Füßen" (Vers 32).

Maria begegnet Jesus mit den gleichen Worten wie ihre Schwester: „Herr, wärst du hier gewesen, wäre mein Bruder nicht gestorben" (Vers 32). Sie weint.

Als Jesus befiehlt, den Stein der Grabeshöhle zu entfernen, wird Marta in ihrer direkten Art aktiv: „Herr, inzwischen wird der Gestank schrecklich sein, denn er ist schon seit vier Tagen tot" (Vers 39).

An dieser Äußerung hält sich Jesus nicht auf. Er weist sie auf die Folgen ihres Glaubens hin: „Habe ich dir nicht gesagt, dass du die Herrlichkeit Gottes sehen wirst, wenn du glaubst?" (Vers 40).

Johannes 12,1-11 (Die Salbung in Betanien)
Jesus hält sich zum letzten Mal vor seinem Tod in Betanien auf. Man nimmt an, dass bei dieser Begebenheit auch von Maria und Marta die Rede ist. Beide Schwestern sind hellwach und sofort zur Stelle. Sie bringen sich erneut in ihren ganz unterschiedlichen Gaben ein. Auf der einen Seite Marta ganz praktisch: „Marta bediente die Gäste..." (Vers 2).

Auf der anderen Seite Maria einfühlsam, wertschätzend und für die Jünger äußerst herausfordernd: „Da nahm Maria ein zwölf Unzen fassendes Fläschchen mit kostbarem Nardenöl, salbte mit dem Öl die Füße Jesu und trocknete sie mit ihrem Haar. Der Duft des Öls erfüllte das ganze Haus" (Vers 3).

Jesus stellt sich erneut zu Maria und nimmt sie in Schutz: „Lass sie. Sie hat es als Vorbereitung für mein Begräbnis getan. Die Armen habt ihr immer bei

euch, aber ich werde nicht mehr lange bei euch sein"
(Vers 7-8).

Gegen die damalige jüdische Sitte bekräftigt Jesus als Mann erneut seine positive Haltung der Frau gegenüber. Indem er sie nicht abweist, sondern mit ihr spricht, nimmt er sie ernst, würdigt ihr Verhalten und wertet sie auf. Er schenkt ihr in gleicher Weise wie auch dem Mann seine Liebe, Vergebung und Wertschätzung. Auch sie hat das Recht, ihm nachzufolgen.

Über Maria heißt es sogar im Paralleltext in Markus 14,9: „Überall in der Welt, wo die gute Botschaft gepredigt wird, wird man sich auch an die Tat dieser Frau erinnern."

27.

Mutmachende Begegnungen aus der Geschichte

Beate Paulus

Beate Paulus lebte von 1778-1842. Sie war die Tochter des berühmten Mathematikers und technischen Erfinders Philipp Matthäus Hahn in Echterdingen. Ihr Großvater war Pfarrer Flattich in Münchingen.

Beate wurde im Laufe ihrer Entwicklung ihrem Vater immer ähnlicher. Sie war so kräftig und gesund, dass sie für jede Arbeit eingesetzt werden konnte.

1800 hielt Pfarrer Paulus von Reichenbach um ihre Hand an. Die Zustimmung der Mutter und des Onkels und das Gotteswort: „Sein Rat ist wunderbar und führet es herrlich hinaus", gaben ihr die Zuversicht einzuwilligen.

Beide Ehepartner unterschieden sich in ihrer Frömmigkeit. Während Beate eine lebendige Gottesbeziehung hatte, betrachtete ihr Mann die Bibel als Lebensweisheit und Christus als Ideal.

In der Gemeinde unterstützte sie ihren Mann nach Tat und Kraft.

Ein schwerer Schlag war es für sie, als ihr geliebter Bruder Philipp, der das Lebenswerk des Vaters fortsetzte, an Schwindsucht starb und der andere Bruder Fritz in der Fremde heimging.

Beate hatte zwölf Kinder geboren, von denen schon drei im Kindesalter starben. Die 12-jährige Pauline starb in der Gewissheit: „Was Gott tut, das ist wohlgetan."

Als Beate von einem Nervenfieber tödlich gezeichnet war, kamen alle Bewohner ihres Ortes, Ostelsheim, um von ihr Abschied zu nehmen. Der Vater betete, Gott möge die Mutter um der Pflege und Leitung ihrer Kinder wegen am Leben lassen. Als Beate sich wirklich wieder erholen durfte, berichtete sie über diese Zeit: „Ich stand schon an der Pforte der Ewigkeit und sah meine Brüder mich abholen. Dann wurde ich gewiss, dass Gott mein Leben für meine Kinder erhalten werde."

Zwölf Kinder in der damaligen Zeit zu erziehen war nicht leicht. Die wirtschaftliche Versorgung im Pfarrhaus war schlecht, weil die Einkünfte meist aus Naturalien bestanden. Deshalb gab es neben dem Pfarrhaus noch Landwirtschaft.

Beate war es wichtig, ihren Söhnen ein akademisches Studium zu ermöglichen, was auf Grund der Armut und der großen Kinderzahl äußerst schwierig war.

Sie erzog ihre Kinder zu Gott hin. „Haben sie die Furcht Gottes im Herzen, können sie nicht verwildern."

1813 zog die Familie mitten im kalten Winter in ein großes Pfarrhaus nach Talheim bei Tuttlingen. Das Geld blieb knapp. Von der Landwirtschaft verstand ihr Mann nichts. Auch erntete sie kein Verständnis von ihm, die Söhne zu einem höheren Beruf hinzuführen. Viele Gebete brachte sie in ihrer Not vor Gott. So kam sie Tag für Tag durch.

In den Wintermonaten, als die Großmutter zu Besuch kam, lasen sie gemeinsam den Kindern biblische Geschichten vor. Vor Sorge ums Durchkommen sagte sie schließlich: „Ja, ich will es von Gottes Hand annehmen und mich dareinschicken." Für ihre Kinder betete sie viel. „Gib uns deinen guten Geist, dass er unsern Geist regiere und uns zu dem Himmel führe."

Vom Vater kam eine strenge Züchtigung. Da die Mutter durch Haushalt und Landwirtschaft stark eingespannt war, konnte sie höchstens eine Stunde in der Nacht ihren Kindern eine biblische Geschichte vorlesen. Sie übte sich darin, die „Nebennöte" sich gefallen zu lassen und Gott die Hauptsorge anzubefehlen. 1820 wurde ihr letztes Kind geboren. Weil Gott bis jetzt durchhalf, hieß es „Gottlob".

Endlich hatte Vater Paulus ein „Ja" zur Landwirtschaft gewonnen und überließ sie Beate gerne. Als er gefragt wurde, ob es Pietisten vor Ort gäbe, sagte er: „30, meine Frau zählt 24 und sechs Weiber kommen noch dazu."

Immer wieder, wenn die Söhne mit ihrem Studium Probleme bekamen, betete Beate und half tatkräftig, wo sie nur konnte.

Als ein schweres Hagelunwetter aufzog, bat Beate Gott um Verschonung, da sie das Geld des Ertrages der Landwirtschaft für ihre Söhne brauchte. Tatsächlich wurden die Pfarräcker verschont. Die Leute sagten, das habe Gott niemand anders als der Frau Pfarrerin zuliebe getan.

Als Beate, wie schon so oft, Gott auf Knien um Hilfe bat, weil das Geld wieder nicht reichte, sang ihr kleiner Immanuel den ersten Vers aus dem Lied: „Vertraue dem Herrn, in schaurigen Nächten ist Hilfe nicht fern."

Ihr Mann konnte es weiterhin nicht verstehen, dass sie sich so für das berufliche Wohl ihrer Söhne einsetzte. „Man müsse mit dem haushalten, was man habe; Gott lasse um deinetwegen kein Geld vom Himmel regnen."

Wegen eines starken Hagelschadens bat Beate sogar den König um Hilfe, der den entstandenen Schaden tatsächlich aus seiner Privatkasse übernahm.

Als einmal von allen drei Schulen gleichzeitig die Rechnungen kamen, sagte der Vater: „So, Mutter, da lies und zahle mit deinem Glauben. Du bringst nun zuletzt auch mich mit deinem Eigensinn in Spott und Schande." Die ganze Nacht verbrachte Beate betend auf dem Dachboden. Mit einem verklärten Antlitz erschien sie am nächsten Morgen in der Gewissheit, dass Hilfe naht. Sodann forderte der Herr Lindenwirt ihren Besuch. Er hätte die ganze Nacht nicht schlafen können. Getrieben wurde er, ihr etliche 100 Gulden zu überlassen. Freude kam auf – auf beiden Seiten.

Ab 1820 las sie die Predigten ihres verstorbenen Vaters Frauen vor, die dabei ihre Hausarbeit verrichteten.

Beates Mann, inzwischen 63 Jahre, wurde die Wahrheit des christlichen Glaubens immer mehr zur

Herzenssache. Im tiefen Frieden starb er mit 65 Jahren. Beate rief ihm den süßen Jesusnamen ins Ohr.

„Eins geht, das andere dort in die ewige Heimat fort." Es war schwer für Beate, mit ihren Kindern hinter dem Sarg des Vaters zu gehen.

Sie ermahnte alle Eltern, kein Mückenleben zu führen, sondern ihren Kinder die Liebe zum Heiland zu vermitteln. Ihr Wunsch an die Mütter war, ihre Haushaltungen mit Gott zu planen.

Nach einem langen Aufenthalt im kalten Schnee 1842 wurde Beate schwer krank. Bevor sie starb, sagte sie: „Schon Herrlichkeit! Es ist anders gemeint, Kinder. Ich gehe heim. Kommt, wir wollen jetzt noch einmal das Mahl der Liebe miteinander feiern. Wenn ich nur auch alle mit mir hinübernehmen könnte."

Christoph Hoffmann, der die Beerdigungspredigt hielt, sagte als letzten Satz: „Uns alle aber wolle Gott mit der Vorausgegangenen und der ganzen oberen Gemeinde in Freuden vereinigen am Tag unserer Heimholung und unserer fröhlichen Auferstehung. Amen."

Beate Paulus war eine mutige und betende Frau in den Herausforderungen ihrer Familie und ihrer Zeit. Sie kämpfte wie eine Löwin für ihre Kinder und lag sehr viel vor Gott auf den Knien. Sie wusste aus der Stille heraus, wann es Zeit war zu handeln. In wunderbarer Weise finden wir in ihr sowohl die Marta- als auch die Mariaseite gelebt.

Welche Botschaft vermittelt ihre geistliche und praktische Haltung uns, die wir als ganz unterschiedliche Frauen in der heutigen Zeit leben?

Eva von Tiele-Winckler

1866 wurde Eva von Tiele-Winckler als eines von neun Kindern in Miechowitz im ehemaligen Oberschlesien geboren. Ihre Mutter war eine immer beschäftigte Bergmannstochter. Den Kindern las sie viel selbst erdachte Märchen vor. Ihr Herz schlug immer für den anderen. Eva schreibt über ihre katholische Mutter: „Wir können für das Vorrecht, eine solche Mutter gehabt zu haben, nie genug danken." Die Mutter ertrug ihre langen Krankheitszeiten in großer Geduld. Sie führte ein verborgenes Leben in Gott. Es gab keinen Kirchenbesuch, kein Tischgebet und keine Andacht zu Hause. Eva sollte eigentlich nach ihrer Mutter Valeska heißen. Da das aber zu Verwechslungen führte, wurde sie in Eva umbenannt.

Evas Vater war ein bodenständiger Mann. Er hatte ein großes Wissen und einen scharfen Verstand. Für Schönheit, Kunst und Natur hatte er ein offenes Herz.

Er erzog die Kinder mit konsequenter Strenge. Schon früh härtete der Vater seine Kinder ab, um sie für das Leben zu stählen. Über Schmerzen durfte nicht geweint werden. Eva berichtet: „Beide Eltern ergänzten sich in eigner Weise. Wir Kinder merkten nie einen Missklang. Sie waren außergewöhnliche Persönlichkeiten, voll Einfluss auf ihre Umgebung. Wir verdanken unseren Eltern viel und müssen es als eine besondere Gnade ansehen, dass Gott uns solche Hüter und Erzieher unserer Jugend gegeben hat."

In Evas dreizehntem Lebensjahr starb die Mutter, was eine große Erschütterung für die Tochter bedeutete. Sie verarbeitete in Gedichten den Heimgang ihrer Mutter.

Es wurde einsam im Haus, auch wurde nicht mehr gelacht. Oft war der Vater abwesend und unternahm weite Spaziergänge. Dann heiratete er wieder, eine evangelische Frau, Rose Gräfin von der Schulenburg. Ihre christliche Erziehung lehnte Eva trotzig ab, obwohl sie der neuen Mutter zugetan war.

Ihr Hund Thor war Evas treuer Begleiter auf ihren Waldgängen. Als sie einem kranken Waldkind half, entdeckte sie in sich weiche Regungen.

Als Eva sich entschloss, an dem Religionsunterricht teilzunehmen, fand sie durch die Bibelworte aus Johannes 10,27-28 zu Jesus. („Meine Schafe hören auf meine Stimme, ich kenne sie, und sie folgen mir. Ich schenke ihnen das ewige Leben, und sie werden niemals umkommen. Niemand wird sie mir entreißen.") 16 Jahre war Eva alt, als sie in Jesus den guten Hirten fand, der das Verlorene sucht.

Durch eine längere Krankheit konnte sie viel in der Heiligen Schrift lesen. Sie erhielt eine große Liebe für alles Arme und Verlorene. Die Bibelworte aus Jesaja 58: „Öffne dem Hungrigen dein Herz und hilf dem, der in Not ist. Dann wird dein Licht in der Dunkelheit aufleuchten und das, was dein Leben dunkel macht, wird hell wie der Mittag sein", bestimmten ihren weiteren Lebensweg. Eva übergab sich neu an Jesus und war bereit für seine Aufgaben.

Um auch den polnisch sprechenden Hilfsbedürftigen dienen zu können, lernte sie Polnisch.

Im Sommer 1886 verbrachte Eva viele einsame Stunden auf einer Seeinsel allein mit Gott. Durch viel Stille und Gebet wurde ihr klar, dass sie ein Leben für Bedürftige führen wollte. Jesus wurde zum Mittelpunkt in ihrem Leben.

Der Vater schlug ihr vor, die Krankenpflege zu erlernen.

Bevor Eva 1887 in Bethel mit ihrem Beruf beginnen konnte, musste sie wieder einmal ihre Begrenzung spüren. Fast ein Jahr hatte sie wegen einer Herzerkrankung zu liegen.

Nach ihrer Genesung durfte sie fünf Monate an Kranken lernen. Freude kam auf, als sie sich in zwei Zimmern des Vaterhauses eine Näh- und Krankenstube errichten durfte. 20-30 hungrige Kinder kamen morgens frierend zu einer warmen Suppe. Dieses Essen musste Eva von den 20 Mark Taschengeld ihres Vaters bezahlen.

Immer wieder begann sie ihr Wirken aus der Stille heraus. 1888 fand sie auf dem Weihnachtsgabentisch einen Bauplan für ihr erstes Haus, das eineinhalb Jahre später fertig gebaut und eingerichtet war. In Bethel holte sich Eva weitere Kenntnisse in der Krankenpflege. Viele Kinder erkrankten damals an Scharlach und Diphterie. Von 224 kranken Kindern starben 72. Der Dorfarzt verließ den Ort aus Angst um seine Kinder. Durch ihre aufopferungsvolle Hilfe in dieser Zeit brach Eva zusammen. Im Moorbad Kohlgrub durfte sie wieder genesen.

Das neue Haus „Friedenshort" war in Miechowitz fertiggestellt. Im Weihegottesdienst wurde Eva vor dem Altar der Kapelle als Hausmutter eingesetzt. Ihr Vater verlangte, dass sie zu Hause schlafe. Eva entgegnete, sie könne keine Mutter sein, wenn sie nicht die Möglichkeit hätte, bei ihren Kindern zu schlafen. Auf sie wartete ein hartes Lager und ein gardinenloses Fenster. „Da habe ich mich in dieser Nacht aufs Neue Ihm hingegeben und geweiht und die Stunden in Gebet und Flehen zugebracht, bis es Morgen wurde, und ich aufstand, um mein Tagewerk zu beginnen."

Mit 3 000 Mark Wirtschaftsgeld musste Eva im Jahr auskommen. Ab ihrem fünfundzwanzigsten Geburtstag wurden ihr aus dem mütterlichen Erbe jährlich 12 000 Mark ausbezahlt. Angesichts ihrer schlechten Gesundheit verlangte der Vater, dass sie jährlich 2 000 Mark für eine Erholungsreise verwenden müsse. Als sie Angst vor dem Reichtum beschlich, weihte sie Gott ihr Gut, worüber sie wieder getröstet war.

Auf einer ihrer Erholungsreisen nach St. Moritz nahm sie zwei Gehilfinnen und eine asthmakranke Frau mit. Auf dem Rückweg wurde sie im August 1892 im Mutterhaus „Sarepta" in Bethel als Diakonisse eingekleidet. Mutter Eva hatte ein Haus für Alte und Sterbende, das „Valeska-Stift", und ein Haus für Kinder, das „Schwalbennest", gebaut.

Schwer traf es sie 1893, als plötzlich ihr Vater starb. Ihr blieb nun nur noch ihre zweite Mutter, die dann aber auch weit fort auf ihren Witwensitz zog.

Der väterliche Rat fehlte. Aber Eva hatte das Werk ihrem himmlischen Vater anvertraut und ihm die entscheidende Verantwortung übergeben.

Nach kräftezehrenden inneren Kämpfen mit ihrem ersten Pastor, der für „Friedenshort" berufen wurde, versuchte sie sich bei ihrer Mutter in Mecklenburg zu erholen. Weil es sowohl dort als auch bei einem Aufenthalt in England nicht klappte, fuhr sie mit Gustav Bodelschwingh und der Friedenshortschwester Martha Magnus für zehn Wochen ins Heilige Land. Als Bodelschwingh sie bat, die Schwesternschaft in Bethel zu übernehmen, stieg sie nach einer Einarbeitungszeit an der Seite der alten Oberin im Alter von 29 Jahren in die Leitung ein. Bodelschwingh blieb ihr geistlicher Berater und väterlicher Freund. Ihr anstrengendes Tagewerk war in die Stille vor Gott eingebettet.

Aufgezehrt waren ihre Kräfte im Jahre 1900. In Davos versuchte man ihre Gesundheit wieder herzustellen, was aber nicht gelang. Eva hielt in der Stille viel Zwiesprache mit ihrem himmlischen Vater. Aufgrund ihres Wunsches sprach Bodelschwingh sie von ihrer großen Verantwortung frei. „Meine innigstgeliebte Tochter! Ich gebe dich vollkommen frei ohne Rückhalt – allerdings nicht in meine Hände – sondern in Deines Heilandes Hände."

Bis 1902 wohnte und wirkte Eva im Stillen im „Friedenshort" in Miechowitz. Sie stand pflegerisch und seelsorgerlich Hilfsbedürftigen zur Verfügung.

1903 übernahm sie die Leitung des Werkes wieder selbst. Durch eine Erweckungsbewegung in England, die an Eva nicht spurlos vorbeiging, suchte sie erneut Vergebung, Frieden und Gewissheit. Sie wusste, dass das vielen Schwestern fehlte. So wurde sie zur Seelsorgerin ihrer Schwestern und das Werk wuchs innerlich und äußerlich. Gott füllte die Häuser mit Kindern und Elenden.

Auf den Kanarischen Inseln erholte Mutter Eva sich, nachdem sie wieder schwer krank geworden war.

Hudson Taylor und Georg Müller waren ihre Vorbilder. 1913 entstand der „Sternenbund", wo heimatlosen und kranken Kindern geholfen wurde. Die Kriegsjahre wurden durch die vielen Hilfsbedürftigen zu einer starken Herausforderung. Mutter Eva gab dazu zur Antwort: „Diese Jahre lehrten uns, dass Gott größer ist als alle Not der Zeit, und dass er die Seinen durch alles Leid hindurchbringt und sie behütet und versorgt; dass es drei Großmächte des Lichtes gäbe, nämlich Glaube, Liebe und Gebet, und wir durch sie die Welt überwinden."

Immer wieder waren Erholungsreisen für ihre angegriffene Gesundheit nötig.

In Vorahnung ihres baldigen Lebensendes verfasste sie einen Brief an ihre Schwesternschaft. Sie bedankte sich für allen Einsatz. „Ich danke auch für alle Geduld, alle Nachsicht mit meinen Schwachheiten und Unvollkommenheiten und bitte herzlich um Verzeihung, wo ich wissentlich oder unwissentlich jemand gekränkt habe. In der Liebe Christi bleiben wir verbunden in Zeit und Ewigkeit."

Dankbar und gottergeben lag sie in ihrem Häuschen in Miechowitz. Treues Gebet umgab sie in dieser Zeit.

An einem Sonntag, dem 21.6.1930, schlief Mutter Eva auf ihrem einfachen Holzbett für immer auf Erden ein. In den zwei Tagen, die sie dort blieb, kamen viele vorbei, um Abschied zu nehmen. „Gar wundersam war unsere Mutter anzuschauen. Die edlen Züge umrahmte der Schleier der Haube, die so schlank gewordene Gestalt war umschlossen von weißer Leinwand, und auf dem Angesicht wohnte eine Hoheit, eine Anmut, eine Jungfräulichkeit und Reinheit, dass wir wussten, der König war gekommen und hatte sein Besitzrecht geltend gemacht."

Durch den Zweiten Weltkrieg fand die Arbeit im alten Friedenshort im bisherigen Umfang ein Ende, und doch ging die Arbeit vieler Friedenshortschwestern weiter.

Eva von Tiele-Winckler lebte ein ganz an Gott hingegebenes Leben. In der Stille erkannte sie, was Gott von ihr verlangte. Was sich im Alltag bewähren musste, erbat sie sich auf Knien. Sie richtete ihr Leben immer wieder neu nach Gottes Wort aus, so dass es Auswirkungen auf ihre Schwestern hatte.

In ihr lebte sowohl die hörende Maria als auch die schaffende Marta. Mutter Eva ließ Gott inmitten ihrer ganzen Schwachheiten und körperlichen Begrenzungen groß werden. Wir dürfen dankbar sein für ein solches Vorbild.

28.

Mutmachende Begegnungen
aus heutiger Zeit

Eine Mariafrau

In einer unserer früheren Gemeinden entwickelte sich eine Freundschaft zu einer jungen Frau. Wir trafen uns immer wieder einmal, um bei einer Tasse Tee miteinander zu reden.

Auf einer Freizeit, die mein Mann leitete, nahm sie mit ihren Kindern teil. Ihr eigener Mann war aus beruflichen Gründen verhindert. Am Ende dieser intensiven gemeinsamen Zeit ist ihr Jesus persönlich so wichtig geworden, dass sie ihn ab diesem Zeitpunkt in ihren Lebensalltag mit einbeziehen wollte.

Ihre Entscheidung hat auch unserer Beziehung gutgetan.

In einer Kleingruppe für Frauen, an der auch sie teilnahm, kamen so manche Lebensfragen zur Sprache. Interessiert hörte sie zu. Sie war wissbegierig und staunte, wie lebensnah die Bibel sein kann. Wenn sie sich mitteilte, waren ihre Worte durchdacht und überlegt. Sie nahm eine so gute Entwicklung in einer Situation mit nicht einfachen Umständen.

Wir blieben im Gespräch. Gegenseitiges Vertrauen wuchs. Ich freute mich, wenn wir uns sonntags in der Kirche trafen. Meistens schloss sich hinterher noch ein kurzer Spaziergang an. Immer wieder staunte ich, wie sie sich mit der Predigt auseinandersetzte und sie im Alltag umsetzen wollte.

Wie viel Gleichgültigkeit gibt es demgegenüber in unserer Zeit!

An einem späteren Sonntag entdeckte ich sie wieder in der Kirche. Diesmal musste sie sofort nach Hause. So verabschiedeten wir uns gleich nach dem Gottesdienst.

Auf dem Heimweg fand ich einen Menschenauflauf vor. Was war passiert? Aufgeregt redeten und gestikulierten Menschen miteinander. In ihrer Mitte lag an einer Hausmauer am Straßenrand ein alter Mann, der auch im Gottesdienst gewesen war. Und da kniete sie wie ein Straßenengel neben diesem Mann und beatmete ihn. Er hatte blaue Lippen, was auf Herzprobleme hindeutete. Eine weitere Frau legte diesen Mann in die stabile Seitenlage. Es wurde ein Krankenwagen gerufen.

Sie selbst stand noch unter Schock, als ich mit ihr sprach. Mehrere Gottesdienstbesucher befanden sich auf diesem Weg nach Hause, als der Mann überraschend zusammenbrach. Im Erste-Hilfe-Kurs lernt man, bei einer lebensrettenden Mund-zu-Mund-Beatmung dem Patienten ein Taschentuch auf den Mund zu legen. An dieses Tuch dachte sie nicht. Sie rettete dem Mann durch ihr beherztes Eingreifen das Leben. Später bedankte er sich mit einem Besuch bei ihr. Sie haben sich noch öfters gesehen. Einige Jahre später ist er dann gestorben.

Mittlerweile kümmert sie sich um eine Frau, die in schwierigen Familienverhältnissen lebt. Gleichzeitig sucht sie den Kontakt zu Frauen, die auf Gottes Wort hören, sich darüber austauschen und es in ihrem Alltag umsetzen wollen.

Genauso hörte Maria auf die Worte von Jesus, indem sie zu seinen Füßen saß. Aus diesem Hören folgte ihr Glaube und die Tat.

In einer weiteren Begebenheit mit Jesus, in der man annimmt, dass es sich um diese Maria handelt, verschwendete sie kostbares Nardenöl für seine Füße. Damit wollte sie ihm zeigen, wie wertvoll er für sie war. Maria erkannte den Stellenwert von Jesus für ihr Leben. Auf diese Weise wollte sie ihm vor seinem Tod am Kreuz noch einmal etwas Gutes tun.

Mit Jesus im Gespräch bleiben, das kann Auswirkungen haben: Was hat Priorität? Was ist jetzt dran – auch heute!

Eine fröhliche Dienerin

Es war kurz nach unserem Umzug in eine andere Stadt. Da ich zu dieser Zeit noch keinen Führerschein besaß, war ich für meine Referentinnentätigkeit auf eine Chauffeurin angewiesen.

Ich machte mir keine Sorgen und war gespannt, wie Gott dieses praktische Gebetsanliegen in die Tat umsetzen würde.

Dann kam der Sonntag, an dem wir nachmittags eine Gemeinschaftsstunde bei den Altpietisten besuchten. Ja, und da stand sie vor mir als göttlicher Himmelsgruß und sagte in ihrer schlichten, liebenswürdigen Art: „Frau Stoll, wenn Sie für Ihre Vorträge eine Fahrgelegenheit brauchen, ich bin bereit, Sie zu chauffieren."

Somit lernte ich eine Frau kennen, die Jesus mit ganzem Herzen lieb hatte. Sie nahm sich Zeit zum Hören. Sie war interessiert und wissbegierig, diesen Herrn immer besser kennenzulernen. Ob im Gottesdienst, in der Gemeinschaftsstunde, im Hauskreis, zu Hause allein oder zusammen mit anderen Frauen – die Bibel verstaubte nicht im Regal. Sie wurde von ihr studiert und deren Anstöße nahm sie mit in ihren Alltag.

Bis heute prägt die Liebe Jesu ihr Leben, ihr Denken und Tun. Ihr Herz schlägt für Menschen, die belastet sind. Ihr Herz brennt für Menschen, die Jesus noch nicht kennen. Ob beim Frauenfrühstück oder bei Frauenwochenenden, ihre Mitarbeit im Team tut wohl. Gastfreundschaft ist für sie kein Fremdwort.

Sie hat ein offenes Haus. Wärme und Herzlichkeit bestimmen die Atmosphäre.

Beide Schwestern, Maria und Marta, leben in ihr. Manchmal kann ihre Maria sagen: „Marta, du bist so gut. Doch pass auf, dass du dich nicht überforderst. Gönn dir auch einmal Ruhe. Deine Liebe braucht Zeit, um wieder mal auftanken zu können. Alle, denen du so gut tust, haben Verständnis dafür. Du bist ihnen wichtig."

So ging es auch mir, wenn ich ihre Fahrkunst in Anspruch nahm. Weil Jesus unser gemeinsamer Herr ist, fuhren wir immer als Schwestern los. Unterwegs haben wir köstliche Erlebnisse gehabt, ob mit der Polizei, einem falschen Blick zu nächtlicher Stunde auf die Ampel oder dass wir uns sogar auch einmal im Termin geirrt haben. Was ich nicht vergessen kann, ist ihre innige Bereitschaft zu dienen und mit ihrem Leben Jesus großzumachen. Sie ließ sich ermutigen, ihre Gaben auszuprobieren. Sie hat bis heute Grund zum Staunen, was dieser große Herr, der sie liebt und unsagbar wertschätzt, mit ihrer Maria und Marta schon alles angestellt hat. Davon konnte auch ich dankbar profitieren.

29.
Vorbilder gesucht

Welche Vorbilder haben Sie in Ihrem Christsein als Frau geprägt?

- eine biblische Frauengestalt

....

- eine Frau aus der Kirchengeschichte

....

- eine Frau aus heutiger Zeit

....

30.
Überreich beschenkt

Herr Jesus,
du bist ein wunderbarer Geber deiner Gaben.
Überreich und bunt hast du uns ausgestattet.
Manchmal laufen wir recht farblos umher.
Wir sind unzufrieden.
Wir möchten anders sein.
Wir möchten mehr.
Wir leben träge und oberflächlich
und nehmen nicht wahr,
was du in uns hineingelegt hast.
Schenke du uns Mut,
mach uns stark,
selbst auf Entdeckungsreise zu gehen.
Segne deine Gaben!
Nicht jede von uns hat die gleiche Kraft.
Unsere Wege können eben und steinig sein.
Manchmal halten wir den Atem an,
weil uns die Puste auszugehen scheint.
Dein Segen durchdringt Stärke und Schwachheit.
Dein Segen verwandelt.
Wir staunen und loben dich,
du wunderbarer Geber aller Gaben.

31.

Dennoch

Wenn Jesus einen Menschen mit himmlischen Gaben auf den Weg schickt, kann das manchmal ganz anders aussehen, als wir uns das idealerweise vorstellen.

Einige Monate waren vergangen, in denen wir uns in unsere erste Gemeinde eingelebt haben. Da hieß es, dass im Kindergarten eine neue Leiterin eingestellt werden soll. Wir waren alle sehr gespannt auf diese „neue Frau".

Sonntags läuteten die Glocken den Gottesdienst ein. Vor der Kirche stand ein „fremdes" Auto mit einem Fisch. „Aha", dachte ich, „das könnte sie sein." Und tatsächlich stellte sie sich am Ausgang der Kirche bei mir als „die neue Kindergärtnerin" vor.

Es folgten Jahre wertvoller Zusammenarbeit und einer guten, freundschaftlichen Beziehung.

Jesus hatte sie in unserer Gemeinde auf wunderbare Weise als seine Dienerin eingesetzt. Mit ihrer Kreativität und ihrer Liebe zu den Kindern und deren Familien prägte sie die Atmosphäre in unserem Ort mit. Ihr war es ein wichtiges Anliegen, dass die Kindergartenkinder Jesus kennenlernten und auch erfuhren, dass er ein großes, liebendes Herz für Kinder hat.

Je länger wir uns begegneten, desto mehr bekam ich Einblick, wie sehr sie an einer fortschreitenden

Erkrankung litt. Ihre Arbeitsfreude und ihre Begeisterung im Beruf wurden immer wieder eingeschränkt. Sie hatte große Schmerzen und sie wusste, dass ihr Krankenhausaufenthalte und Operationen nicht erspart bleiben würden. So musste sie nach einigen Jahren unter großen Schmerzen ihren lieb gewonnenen Beruf aufgeben. Sie ging eine weitere Ausbildung an. Doch auch in ihrer neuen Arbeitsstelle schritt die Krankheit voran. Die Schmerzen wurden unerträglich. In guter ärztlicher Begleitung wurde ihr deutlich, dass sie auch von diesem beruflichen Weg Abschied nehmen musste.

Was blieb und wer war sie mit all ihrer Begrenzung und den unsagbaren Schmerzen trotz aller Therapien?

Eine Frau mit großer Begabung: Marta würde von ihren Koch- und Backkünsten schwärmen. Sie würde staunen über ihren guten Geschmack, ein Zuhause gemütlich einzurichten. Sie wäre begeistert von ihren künstlerischen Fähigkeiten, von ihrer Phantasie und Kreativität.

Ja, und da lehnt sich Maria an ihre Seite. Maria, die Jesus zuhört, wie er mit kranken und leidenden Menschen umgegangen ist, wie er tröstet, ermutigt und segnet. Diese Maria nimmt wahr, dass auch diese wertvolle Frau in ihrem Leid Jesus braucht und mit ganzem Herzen seine Hilfe in Anspruch nimmt. Er versteht sie bis in die Seele hinein, wo Menschen an ihre Grenzen stoßen, was ihr Verständnis für eine solche Situation betrifft. Er zeigt ihr mit seiner großen bedingungslosen Liebe auf, wie wertvoll sie „dennoch" als sein einzigartiges, geliebtes Geschöpf ist. Er leidet und weint mit ihr in Stunden, wo kein anderer Mensch ihre Tränen sieht, geschweige denn ihre Schmerzen wahrnimmt.

Welchen Sinn hat ein solches Leben, das gezeichnet ist von Schmerzen und Qual? So fragt vielleicht jemand, der gesund und mit ganzer Kraft seine Lebensziele erreichen kann.

Doch ist Leistung und Gesundheit alles, um ein Leben lebenswert zu machen?

Als der Bruder von Maria und Marta, Lazarus, krank wurde, sagte Jesus zu beiden Schwestern: „Lazarus' Krankheit wird nicht zum Tode führen; sie dient vielmehr der Verherrlichung Gottes, damit der Sohn Gottes dadurch verherrlicht werde" (Johannes 11,4).

Es ist schwer, Wünsche und Träume loszulassen. Dazu können z. B. auch ein Ehepartner oder Kinder gehören. Es ist ein harter Prozess, eine gewissenhafte und sorgfältige Arbeitshaltung loszulassen, weil sie in der gesundheitlichen Begrenzung auf Dauer radikal überfordern würde und somit gar nicht mehr gelebt werden kann. Wie schnell werden da Menschen zu Zuschauern, die nur noch am Rande mit Ratschlägen winken, sich aber kaum noch in eine solche Lebenslage einfühlen können.

Doch da malt Jesus eine Würde vor Augen, für die manch Gesunder blind zu sein scheint: „Du bist mein Kind. Niemand und nichts darf dich auf dem

Weg, den ich mit dir gehe, verletzen. Ich verherrliche mich an dir."

In diesem Lebensprozess lernt sie nun loszulassen, was ihr gesundheitlich nicht guttut. Gleichzeitig bekommt sie ein Feingefühl und ein hörendes Ohr für Menschen, die in Nöten sind. Ob bei einem Besuch oder am Telefon, Jesus begabt sie ganz neu und schenkt ihr ein erfülltes Leben, das man nur mit dem Herzen sehen kann. Menschen, die ihre Liebe und Barmherzigkeit, ihre Anteilnahme, Wertschätzung und Fürbitte erfahren, werden durch sie verändert. Ihre durch Jesus verwandelte Maria und Marta haben gelernt, neue Prioritäten zu setzen.

Und wenn man meint, Maria würde in ihrem Leben die Oberhand gewinnen, könnte diese Vermutung täuschen. In der letzten Adventszeit, in der ich aus familiären Gründen nicht zum Backen kam, überraschte sie mich mit einer großen Dose köstlichsten Weihnachtsgebäcks.

Ich bete und vertraue, dass Jesus sich weiter in ihrem Leben verherrlicht, weil er der Herr und Sieger über Schmerzen und körperlicher Begrenzung bleibt.

32.

Herzenswünsche
von Maria und Marta

Lebt versöhnt zusammen als Männer und Frauen in Ehe, Familie, Gemeinde und Beruf!

Nehmt euch Zeit füreinander in Ehe und Familie! Hört einander zu, um euch besser verstehen zu lernen!

Habt Mut zum Kind und achtet die Mutterschaft! Was ihr euren Kindern an Liebe, Wertschätzung, Vertrauen und Geborgenheit mitgebt, stärkt sie für eine kalte Welt!

Denkt daran, eure unruhigen, suchenden und quertreibenden Teenager brauchen ab und zu ein ruhiges Ohr!

Es tut uns weh, wie ihr euch herabsetzt durch die Worte: „Ich bin *nur* Hausfrau und Mutter." Entdeckt eure Würde in dieser Berufung! Entdeckt dabei eure Maria und Marta, ohne euch mit anderen zu vergleichen!

Lebt Gastfreundschaft, ohne euch durch unkontrollierte Betriebsamkeit zu überfordern! Doch freut euch dabei an eurer Kreativität!

Seid wachsam, wenn euch eine laute Welt beherrschen will!

Entzieht euch euren geheimen Antreibern:

„Zeitsparen" muss nicht Volkssport Nr. 1 sein.

„Time is money" wird euch nur antreiben und nicht zur Ruhe kommen lassen.

Ein eindeutiges „Nein" zur richtigen Zeit erfordert Überwindung und Zivilcourage.

Schaltet einmal den Computer ab, legt auch das Handy zur Seite. Ihr müsst nicht immer erreichbar sein!

Entdeckt Zeiträume, in denen ihr Stille leben lernt! Lernt die Stille auszuhalten! Flieht nicht in ständige Betriebsamkeit aus Angst, euch euch selbst zu stellen!

Setzt in stillen Zeiten Prioritäten, was in eurem Alltag Vorrang haben soll, was lebensnotwendig, wichtig und zweitrangig ist! Teilt eure Kräfte ein, um euch nicht zu überfordern!

Entdeckt ganz neu Achtsamkeit und Aufmerksamkeit euch selbst, eurer Umwelt und Gott in Jesus Christus gegenüber! Sie beinhalten Zeit und Ruhe zum sorgfältigen Wahrnehmen.

Jesus Christus lebt! Behaltet ihn im Blick, um euch an seinen Worten zu orientieren!

Seid wachsam dem Werteverlust in eurer Gesellschaft gegenüber! Gottes gute Lebensordnungen, die zehn Gebote, sollen euer Maßstab sein! Sprecht mit euren Kindern darüber! Sie schauen auf euer Leben. Redet nicht nur darüber, sondern lebt auch danach!

Seid korrekturbereit untereinander und auch dem Wort der Bibel gegenüber!

Wenn ihr selbst korrigiert, gebt euren Worten einen heilsamen Rahmen!

Seid bereit, einander zu vergeben, wo ihr aneinander schuldig geworden seid. Denkt daran, Jesus hat euch zuerst vergeben!

In Krankheitszeiten und in den Krisen eures Lebens vergesst nicht: Jesus ist da! Er ist ja gekommen, um uns zu dienen. Gerade in solchen Zeiten will er uns besonders nahe sein!

Verlasst euer Schneckenhaus, steigt aus der Isolation aus und sucht Kontakt in einer Gemeinde, in einem Kreis. Unser Schöpfer hat uns als Beziehungswesen angelegt. Lernt aufeinander zuzugehen! Freut euch an gelebter Gemeinschaft!

Kehrt eure Gaben nicht unter den Teppich! Schaut ihnen dankbar ins Auge und bringt sie zum Leben!

Freut euch an der Vielfalt der Gaben! Freut euch zu leben! Schätzt euch gegenseitig Wert!

Lebt aus der Hoffnung, die Jesus euch im Glauben schenkt! Seid Mutmacher und Hoffnungsträger!

Vergesst nie, bei ihm aufzutanken. Aus dem Hören werdet ihr neue Kraft für euren Alltag schöpfen!

Zeigt als Christen Profil in einer Zeit, in der Jesus nötiger ist denn je!

Gebt dem Gebet ausreichend Raum!
Segnet einander!

PS: Und wenn euch irgendetwas nicht gelingt und euch das zu schaffen macht, dann denkt daran, auch wir waren nicht perfekt. Wie wohltuend und befreiend, dass Jesus uns trotzdem lieb gehabt hat.

33.

Ausgewogenheit

Danke, Herr Jesus,
dass du Maria und Marta lieb hast.
Beide haben ihre Grenzen.
Dennoch sind beide füreinander wichtig,
weil sie sich brauchen,
weil sie sich ergänzen.
Ihr Wesen hast du in uns eingepflanzt.
Lass sie beide uns sorgfältig anschauen
und mit ihnen zusammen leben.
Du bist der Herr von Maria und Marta.
Du willst auch unser Herr sein.
Schenke uns den Mut
zu einem ausgewogenen Leben.
Schenke uns die Kraft zum Tun und Lassen.
Schenke uns die Weisheit,
mit dir zu rechnen und
dich gar nie zu lassen.
Amen.

34.
Unerwartet und dennoch willkommen

Rezepte für unverhoffte Gäste

Sprudel-Kuchen

6 Eier
2 Päckchen Vanillezucker
2 Tassen Zucker
1 Tasse Öl
1 Tasse Sprudel
3 Tassen Mehl
1 Päckchen Backpulver

Alles miteinander verrühren, den Teig auf einem Backblech ca. 20 Minuten bei 175°C backen. Anschließend abkühlen lassen.

Für den Belag:
3 Becher Schmand
1 Becher süße Sahne

Die Sahne schlagen und mit dem Schmand verrühren. Auf dem Kuchen verteilen und mit Zimt und Zucker bestreuen.

Schneckennudeln

500 g Mehl
1 Würfel Hefe
100 g Margarine
¼ l Milch
75 g Zucker
1 Ei
1 Prise Salz

Aus den (zimmerwarmen) Zutaten eine Teigkugel kneten. Den Teig ausrollen, mit flüssiger Butter bestreichen und mit Zimt und Zucker bestreuen. Den Teig aufrollen und Scheiben davon abschneiden.
Schneckennudeln auf ein Blech geben und max. 30 Minuten bei ca. 200°C backen.
Nach dem Backen mit in Wasser oder Zitronensaft aufgelöstem Puderzucker bestreichen.

Ananasschnitzel (Rezept für 4 Personen)

- 4 Schnitzel
- 8 Scheiben Ananas
- 1 Dose Champignons
- 2 Becher süße Sahne
- 1 Becher Créme fraîche
- 1 Päckchen Rahmsoße
- etwas Wasser
- Salz, Pfeffer, Rosmarin, Thymian, Curry
- Gemüsebrühe-Pulver
- Parmesan-Käse

Schnitzel halbieren, mit Salz und Pfeffer würzen. In eine Auflaufform legen und mit je 1 Scheibe Ananas und Pilzen belegen.

Für die Soße süße Sahne, Créme fraîche, etwas Wasser, Rahmsoße, Salz und Pfeffer, Curry, Thymian und Rosmarin, Gemüsebrühe-Pulver verrühren und über die Schnitzel geben. Im Backofen bei 200°C ca. 50 Minuten backen. Geriebenen Parmesan-Käse darübergeben und nochmals 10 Min. überbacken.

Dazu passt Curry-Reis.

Lachsauflauf (Rezept für 4 Personen)

4 Lachsfilet
2 Bananen
2 Zwiebeln
2 Becher süße Sahne und Milch
1 Teel. Dillsenf
Pfeffer
100 g geriebener Emmentaler

Bananen in Scheiben schneiden und die Hälfte in eine Auflaufform geben. Lachsfilet in die Form schichten, darüber die restlichen Bananenscheiben und die gehackten Zwiebeln geben.
Sahne, Milch, Senf und Pfeffer verrühren und darübergeben. Mit dem geriebenen Emmentaler bestreuen und bei 175°C ca. 35 Minuten backen.

Dazu passen Reis und Salat.

Bandnudeln mit Spinat (Rezept für 4 Personen)

375 g Bandnudeln
Salz
2 Zwiebeln
1 Knoblauchzehe
175 g Speck
300 g Tiefkühlspinat oder 500 g Blattspinat
1/4 l saure Sahne
1 gehäufter Teelöffel Speisestärke
Salz
Muskat
Worcestersoße
200 g Schweizer Käse

Bandnudeln ca. 6-8 Minuten in reichlich Salzwasser kochen, abgießen, kalt überbrausen, gut abtropfen lassen und in eine feuerfeste Form geben.

Zwiebeln und Knoblauchzehe schälen und fein hacken. Speck würfeln, glasig dünsten. Gehackte Zwiebeln und Knoblauch dazugeben und dünsten. Spinat und 1/3 Tasse Wasser zugeben. Den Spinat ca. 10 Minuten auf kleiner Flamme auftauen lassen (oder den Blattspinat dünsten). Die Sahne mit der Speisestärke verquirlen und unter den Spinat rühren und aufkochen. Mit Salz, Muskat und Worcestersoße abschmecken, über die Nudeln geben und mit dünnen Käsescheiben belegen.

Etwa 10 Minuten bei 200°C überbacken.

Hackfleischrolle (Rezept für 4 Personen)

500 g Hackfleisch
1 Rolle Blätterteig
2 Eier
1 Becher saure Sahne
2-3 Esslöffel Paniermehl
1 Zwiebel
Petersilie
Eigelb
Salz, Pfeffer, Muskat, Senf, Gemüsebrühe

Eier, Paniermehl und Sahne miteinander vermischen und quellen lassen. Dann unter das Hackfleisch mischen.
Blätterteig ausrollen, mit der Hackfleischmasse bestreichen und ganz locker aufrollen.
Mit dem verquirlten Eigelb bestreichen.
Vor dem Backen die Rolle mit einem Zahnstocher mehrmals einstechen, damit die Luft entweichen kann.
Ca. 45 Minuten bei 200°C backen.

Überbackene Brötchen (circa 8-10 Personen)

22 Brötchen (44 Brötchenhälften)
800 g Schinken
200 g Salami
400 g geriebener Käse
2 Gläser Pilze
400 g Schmand
1 Becher Sahne

Schinken und Salami kleinwürfeln. Mit dem Käse, den Pilzen, dem Schmant und der Sahne verrühren. Die Masse auf die Brötchenhälften streichen. Bei 180°C ca. 15-20 Minuten backen.

PS:

Das wollten wir unseren Leserinnen doch noch verraten:

Sabine Kley:
Bei meiner Beschäftigung mit den beiden Schwestern Marta und Maria machte ich die spannende Entdeckung, dass beide Frauen in meinen jeweils ganz unterschiedlichen Lebensphasen aufzufinden sind.

Mir wurde bewusst, wie wichtig es für mich ist, mit Gott im Gespräch zu sein, damit ich Zugang dazu finde, wann tatkräftige Martazeiten oder hörende Mariazeiten angesagt sind.

Nebenbei hat es viel Freude bereitet, mit meiner Schwester Gerdi an diesem Buch zu schreiben. Staunen konnte ich über manche Ähnlichkeiten, aber auch darüber, wie wir uns gegenseitig ergänzen.

Gerdi Stoll:
Ich hätte nie gedacht, dass die beiden Schwestern Maria und Marta eine solche Faszination auf mich ausüben könnten. Sie haben es geschafft, mich immer wieder neu an den Laptop zu locken, um mit ihnen in Beziehung zu treten.

Ich staune, wie aktuell ihre Problematik für uns Frauen heute ist, ein gutes Gleichmaß im Alltag zu finden. Auf diese Weise habe ich mich ganz neu mit mir und meiner jetzigen Lebenssituation auseinandergesetzt.

Mich begeistert die innige Beziehung von Maria und Marta zu Jesus. Auch ich möchte mir jeden Tag von neuem bewusst machen, dass diese Beziehung zu ihm an erster Stelle in meinem Leben steht.

Ich finde es großartig, wie Jesus die Schwachpunkte seiner Zeit ganz deutlich erkannt hat, die im Widerspruch zum göttlichen Schöpfungswillen standen. Er hat mit seinem wertschätzenden Verhalten der Frau gegenüber eine Schneise für die Gleichwertigkeit der Geschlechter geschlagen, so wie es dem Willen seines himmlischen Vaters entspricht.

Noch nie haben wir Schwestern „Gerdi und Sabine" ein derartiges Projekt gestartet. Miteinander besprachen wir die Konzeption dieses Buches und teilten uns die einzelnen Artikel auf. Jede arbeitete für sich und wusste nicht, was die andere schreibt. Wir haben über unsere Ergänzung gestaunt. Diese „Schwesternzeit" war wirklich herzerfrischend. Wir haben uns ganz neu entdeckt und schätzen gelernt.

Welche Erfahrungen werden Sie wohl beim Lesen mit Maria und Marta gemacht haben?

Cornelia Mack

Endlich frei von Perfektionismus

Tb., 11 x 18 cm, 96 S.,
Nr. 394.449,
ISBN 978-3-7751-4449-0

An der Perfektion wird in unserer heutigen Gesellschaft vieles gemessen, bewertet, be- oder verurteilt. Nicht nur Menschen, sondern auch Dinge müssen perfekt sein.

Viele Menschen leiden jedoch unter den Zwängen dieses Perfektionismus.

Doch es gibt einen Weg aus dem Gefängnis des Perfektionismus.

In diesem Buch versucht Cornelia Mack aufzuzeigen, was Perfektionismus ist, wie er auf uns und auf andere wirkt, und wie wir einen Weg aus diesen Zwängen finden können.

Entdecken Sie die neuen Freiheiten und erfahren Sie, wie schön es ist, endlich aufatmen und wirklich echt und in der Gegenwart leben zu können – befreiter, humorvoller und gelassener!

Bitte fragen Sie in Ihrer Buchhandlung nach diesem Buch!
Oder schreiben Sie an: Hänssler Verlag GmbH & Co. KG,
D-71087 Holzgerlingen.

Gerdi Stoll

Gute Worte
für mich

Hc., 13,5 x 20,5 cm, 420 S.,
Nr. 392.996,
ISBN 978-3-7751-2996-1

Entdecken Sie jeden Tag aufs Neue, wie Gott Sie auf individuelle
und liebevolle Art und Weise anspricht und zu sich ruft! Bekannte
Autorinnen wie Cornelia Mack, Vreni Theobald, Hannelore Risch
u. v. a. machen zusammen mit Gerdi Stoll durch ausgewählte
Bibelstellen und alltagsbezogene Auslegungen Mut, Gott jeden
Tag zu hören und ihn beim Wort zu nehmen. Dieser viel gefragte
Bestseller von Frauen für Frauen ist auch als Geschenk immer
beliebt.

Bitte fragen Sie in Ihrer Buchhandlung nach diesem Buch!
Oder schreiben Sie an: Hänssler Verlag GmbH & Co. KG,
D-71087 Holzgerlingen.